오피니언 리더들의 삶과 고뇌
멀리 바라본 숲은 아름답다

오피니언 리더들의 삶과 고뇌

멀리 바라본 숲은 아름답다

나주임씨 중앙화수회 편

머·리·말

멀리 바라본 숲은 아름답다

멀리 보이는 산이나 강은 아름답다. 산을 가까이 가서 보면 높은 벼랑 계곡에 쓰러진 나뭇가지로 지저분한 것들이 눈을 거슬리게 한다.

강도 마찬가지다. 강에 가까이 가서 흘러가는 흙탕물에 오물이 가득한 것을 보면 마음이 불편해진다. 멀리서 느끼는 아름다움과 가까이서 보는 자연은 상상 속의 아름다움과 현실 속의 실체처럼 크게 다르다.

사람도 마찬가지다. 훌륭하게 보이는 사람 중에서도 사생활이 모범적이지 못한 경우가 많다. 알렉산드르 푸시킨(러시아어: Александр Пушкин, 1799년 6월 6일~1837년 2월 10일)은 러시아의 위대한 시인이자 소설가이다. '삶이 그대를 속일지라도 슬퍼하거나 노여워하지 말라'라는 시구절로 유명하다.

글이나 그림, 음악 등으로 명성을 얻은 사람들이 모두 훌륭한 인품을 가진 것은 아니다. 오히려 보통사람보다 더 괴팍하고 고집스러운 성격을 가진 경우가 의외로 많다. 하지만 보통사람들은 유명한 사람들을 훌륭한 사람으로 착각하기 때문에 가까이 가서 보면 실망하기에 십상이다.

자연도 멀리서 보면 아름답지만 가까이서 보면 실망하는 것처럼 유명한 사람도 명성을 얻었을 뿐 사생활을 들여다보면 우리가 같은 감정을 가진 보통사람일 뿐이다. 사람도 자연처럼 멀리 보아야 아름다운 느낌이 오래 남는 법이다.

우리는 살면서 인연을 맺으며 살아간다. 그 소중한 인연들을 너무 쉽게 보내거나 버려둬서 멀어진 사람들이 얼마나 많은가? 지금 인연 통장에 저축되어 있는 사람은 몇 명인가. 따뜻한 마음을 속 깊은 배려를 아름다운 사랑을 많이 저축해 놓은 사람은 마음 부자이다. 인간은 관계 속에서 삶이 지속한다. 손잡지 않고 살아가는 생명은 없다.

우리 나주임씨 종친들이 공저로『꽃은 혼자 피지 않는다, 2020』,『명사에게 길을 묻다, 2021』,『길에게 길을 묻다, 2022』를 이미 발행했으며 이어 제4집『멀리 바라본 숲은 아름답다』를 발간하게 되었다.

아름다운 사랑은 곧 본향 사랑이다. 누구나 나이가 들면 들수록 나 혼자가 아니라는 생각이 들기 마련이다. 바람 부는 대로 흔들려 어찌해야 할지 모를 때, 세상에 온통 나 혼자인 것 같아 외롭고 두려울 때, 혼자가 아님을 알게 되고, 그래서 다시 기운을 내 시작해 볼 수 있도록 붙잡아 주고 등을 토닥거려 준 종친들이 뒤에 있기 때문이다.

아마도 한 성(姓)씨 종친들로 필진이 구성된 경우는 국내에서는 처음 있는 일이라며 언론에서 극찬했다. 어쨌든 우리는 세월의 무상함 속에서 잃어버린 그 무엇이 있다고 할지라도 한국 사회의 발전에 이바지한 당사자임을 자임하면서 발전 가능한 사회의 재도약을 위해 각자 맡은 분야에서 열정적으로 살아온 '삶과 고뇌'의 이야기들을 모아 발간하게 된 것이다.

끝으로 바쁜 일상 속에서도 짬을 내 옥고를 집필해 주신 종친에게 이 지면을 통해 진심으로 감사드리며, 흔쾌히 출판의 기회를 마련해 주신 주동담 주) 시정신문 사장을 비롯한 임직원들께도 머리 숙여 감사를 표한다.

2024년 1월 10일

나주임씨 중앙화수회 회장 **임 춘 식**

머리말 • 3

 인생의 파노라마, 파도치는 삶

임은정 공정한 저울을 꿈꾸며 • 13
임동준 문제는 나잇값이다 • 20
임동식 고인 물은 썩는다 • 26
임갑섭 예절교육이 없다 • 30
임재택 사교육에 지나치게 의존하지 말자 • 35
임채규 네 말이 맞다 • 39
임종성 대파 한 단, 양말 세 켤레 • 44
임동규 연변 조선족 동포에 대한 소고 • 50
임지택 천사 부부의 배려 • 57

삶, 그리고 고향을 말한다

임만규	아름다운 길 • 63
임금택	눈물이 절반이다 • 68
임정희	정원이 주는 기쁨 • 73
임용담	'양간다리' 5일 장날 • 78
임종주	고향 예찬 • 83
임영희	내 생애 최고의 선물 • 88
임선자	우리 모두의 아버지 • 96
임왕택	임길택 선생을 추억하다 • 101
임재근	풀꾹새는 왜 우는가 • 105
임양성	희망의 미래를 가슴에 담자 • 110
임춘임	엄마의 아들과 딸 • 121

멀리 있는 것은 아름답다

임동훈	진정한 아름다움이란 무엇일까? • 127
임종선	빨간색 구두 한 짝 • 133
임무성	감사하고 기뻐하라 • 137
임정기	겨레를 구한 영웅들 • 141
임안섭	중국어를 배운 기쁨 • 147
임수홍	비빔밥 같은 삶 • 154
임지은	유대인의 전통적 공부법이 필요하다 • 157
임지룡	'호(號)'의 의미와 실제 • 165
임진택	위악자 김지하를 위한 변명 • 181
임종익	나누면 행복해진다 • 187
임종대	사후불곡(死後不哭)이란 고사성어 • 192

새로운 삶의 시작

임춘식	'내 탓이오' 깨어나야 할 정치인 • 201
임인철	정치는 국민 속에 있어야 한다 • 209
임동준	특권 폐지 꼭 관철해야 한다 • 214
임창진	절차적 정당성이란 무엇인가? • 221
임은정	한일 셔틀 외교 복원, 에너지협력으로 이어지길 • 226
임석희	누리호 발사 그 이후 펼쳐지는 K‐우주시대 • 232
임종은	인구 절벽을 어떻게 막을 것인가? • 239
임종니	캠프 데이비드 한미일 정상회의 의미 • 245
임성수	인류의 경전인 한경대전(韓經大典) • 251
임호성	우리는 변해야 산다 • 255

제1부

인생의 파노라마, 파도치는 삶

임은정　공정한 저울을 꿈꾸며
임동준　문제는 나잇값이다
임동식　고인 물은 썩는다
임갑섭　예절교육이 없다
임재택　사교육에 지나치게 의존하지 말자
임채규　네 말이 맞다
임종성　대파 한 단, 양말 세 켤레
임동규　연변 조선족 동포에 대한 소고
임지택　천사 부부의 배려

공정한 저울을 꿈꾸며

임은정 | 대구지방검찰청 부장검사, 칼럼니스트

 몇 년 전 "십 원짜리 사건에 십 원어치의, 천 원짜리 사건에 천원어치의 공력을 기울이라"고 훈시하던 검사장이 있었습니다.
 가격을 매기는 기준이 뭐냐고 묻고 싶었지만, 회의만 길어질 듯해 말을 삼켰지요. 반부패부(구 특수부)는 한정 수량 명품 생산 부서, 형사부는 염가 제품을 대량으로 찍어내는 부서로 비유한 간부도 있었습니다.
 한정 생산 명품에 불량률은 왜 그리 높은 거냐고, 형사부에 배당된 사건 당사자가 그 말에 수긍하겠느냐고 반박하고 싶었지만, 역시 삼켰습니다. 현실 앞에선 덧없는 이상론에 불과하니까요.
 의정부지검 근무 시절, 전처에게 집착하는 한 남자의 협박 사건을 배당받은 적이 있습니다. 그날 배당받은 42건의 사건 기록 중 비교적 얇은 사건이라 반갑게 펼쳤는데, 행간에서 느껴지는 증오가 얼마나 깊던지 바닥이 보이지 않았습니다. 험악한 말이 곧 행동으로 이어질 것 같다는 불길한 예감에 피해자와 피의자에게 다급히 전화했는데, 전화를 받지 않았습니다.

제가 전화하던 그때 두 사람이 이미 사망했다는 걸 며칠 뒤 변사 기록에서 확인했지요. 피의자 사망으로 인해 '공소권 없음'으로 종결했습니다. 그 협박 사건이, 두 분의 생명이 십 원짜리일까요.

지속적인 직무 배제로 내부 고발자의 자존감을 무너뜨려 결국 제 발로 나가게 하는 방식으로 괴롭힌 사례들을 기사로 종종 접했는데, 검찰에서는 오히려 일을 더 주더군요. 짬이 나면 검사 게시판에 비판 글을 더 쓸 수 있으니 바쁘게 만들고, 일이 많아 실수가 잦아지면 벌점이 쌓일 테니 쫓아낼 명분으로 삼기에도 좋습니다.

검사 적격 심사가 얼마 남지 않았을 무렵에는 수레로 실려 오는 사건 기록들이 벌점으로 보여 어찌나 숨이 막히던지요. 이틀간 배당받은 사건 기록으로 캐비닛 5개가 꽉 차는, 속칭 '벌 배당'도 받아보았고, 수사 지휘 전담을 하며 매달 500건이 넘는 사건을 배당받기도 했습니다. 간부들의 감정 실린 보복 배당에 고생스러웠지요.

고달팠습니다. 기록에서 엿보이는 당사자들의 감정은 날이 시퍼렇게 서 있고, 사건 배경이 안개 너머 어슴푸레 보이는 정도라 수사해야 할 사항들이 적지 않았습니다. 주말을 반납하고 매일 야근해도 사건당 투입할 수 있는 시간이 현실적으로 많지 않으니 숨이 턱턱 막혔습니다. 간부들은 선택과 집중, 효율 등 미사여구로 신속한 처리를 독촉하곤 합니다만, 선택받지 못해 배려도 편찮을 사전이란 없기에 검사들은 기록 더미에서 늘 방황하게 됩니다.

　십 원짜리 사건으로 잘못 분류된, 목숨 여럿 달린 사건에 검사의 헌신으로 백 원어치의 진실을 했다. 한들, 그 검사에게는 최선일지 몰라도 사전에 있어 최선의 수사라 할 수 없지요. 사건 당사자들에게 결코 만족스럽지 못한 수사 결과는 검사의 역량 부족 탓이기도 하지만, 대개 잘못된 검찰 내부 구조에 더 큰 원인이 있습니다.

　무죄 구형으로 중징계를 받고 쉬던 2013년 2월, 동료의 전화를 받았습니다. "검사인사위원회에서, 징계 전력자는 근속기간에 예외를 두어 기간이 차지 않았더라도 전출시킬 수 있도록 했으니 유배지 창원지검으로 발령 나지 않겠느냐?"는 위로였지요.

　서울중앙지검에서 1년 만에 쫓겨나 정신없기도 했지만, 창원 시민에게 어찌나 미안하던지. 주권자로 양질의 사법 서비스를 동등하게 받을 권리가 있는데, 서울 시민과 달리 유배지 시민은 문제 검사에게 수사받아도 된다는 말이라, 주권자의 등급을 나누어 차별하는 어이없는 인사입니다.

　"경찰 송치 사건이나 처리하는 형사부 검사로 남을 것인지, 변호사들에게 뒷돈 받고 소소한 사건들은 좀 봐주더라도 수사비로 거악을 척결하는 특수부 검사가 될 것인지, 잘 선택하라"고 초임 검사에게 조언하던 황당한 선배도 있었습니다. 그 선 배가 큰 거악으로 보여 무서웠지요. 덮고 싶으면 소소한 악으로 단정하여 눈감고, 죽이고 싶으면 거악으로 규정하여 파헤치는 막무가내 검찰의 전횡을 봐버린 듯 아찔했습니다.

공정한 저울을 꿈꾸며 _ 15

십 원짜리 사건과 천 원짜리 사건, 멋지게 수사할 거악과 덮어도 되는 소소한 악, 양질의 사법 서비스를 받을 시민과 문제 검사에게 수사받아도 되는 시민. 그런 구별이 정당하고, 검찰의 잣대는 과연 공정할까요.

정의의 여신은 눈을 가린 채 저울을 들고 있습니다. 권력과 재력의 많고 적음에 관계없이 죄의 무게에 합당한 처벌을 하는 것이 정의니까요. 검찰의 저울이 고장 나 손가락질 대상이 된 지 오래지요. 눈금을 속여 온 검찰 등 권력자들이 수리공이 되어서야 고쳐질 리 있겠습니까.

검찰개혁의 동력은 오로지 주권자의 관심과 비판뿐입니다. 개혁 논의가 수면 위로 떠 오른 이때, 이번에야말로 제대로 고쳐 공정한 저울로 거듭날 수 있도록 주권자의 관심과 비판을 간곡히 부탁드립니다.

뒷이야기

2010년 김준규 검찰총장은 "검찰만큼 깨끗한 데를 찾기 어렵다"는 발언으로 물의를 일으켰습니다. 검찰이 검찰을 빼고 수사하는 수사 구조와 현실에서 발생한 착시 현상입니다. 2009년 천성관 검찰총장 후보자가 사업가 친구에게 10억 대의 거액을 빌리고 함께 해외 골프 여행을 다녀온 사실이 청문회에서 드러나 스폰서 의혹으로 낙마하는 바람에, 어부지리로 검찰총장이 된 분이 할 말은 아니지요.

만약 건강만 경찰청장 후보자나 야당 국회의 원이었다면, 국민적 의혹을 해소하기 위해 대검 중수부나 서울중앙지검 특수부가 신속하게 뇌물 수사에 착수하지 않았을까요? 천성관이 고위 검사라, 검찰이 실체를 궁금해하지도 않았고 궁금해서도 안 되어 의혹을 의혹으로 남겼다고 생각하는 사람들이 많았습니다.

검사 상당수가 김준규 총장처럼 생각하는 게 현실입니다. 검사들이 유능하고 성실하게, 영혼을 갈아 넣는 헌신으로 엄청난 업무량을 감당하고 있는 것도 사실입니다. 예전의 제가 그랬듯이, 많은 검찰 구성원은 국민의 불신이 대개 오해라고 생각하고 억울해합니다. 왜 이렇게 괴리가 클까요?

제가 초임 검사였던 시절, 지독하게도 실적 관리에 열심인 동기가 있었습니다. 인지 수사 실적을 비롯하여 처리하지 못하고 남긴 미제 사건 수 등 통계 관리도 탁월했습니다. 이런저런 자랑 끝에 옛 여자 친구가 여권을 위조하여 공항으로 들어오다가 걸렸는데 부탁해서 사건을 없었다고 하더군요. 여성 편력을 자랑하는 것인지, 사건 무마 능력을 자랑하는 것인지 잘 구별되지 않았는데, 초임 같지 않은 노회함과 무개념에 놀랐습니다.

그런데 10여 년이 지나 후배들 앞에서 "지금까지 나라와 검찰을 위해 몸을 상해 가며 일했는데, 이제 건강을 돌보겠다"고 말하는 걸 우연히 들었지요. 그 검사는 좋은 인사 평가를 위해 열심히 일한 것을 정의에 대한 희생과 헌신으로 정신 승리한 사례입니다.

워낙 찍힌 검사이기도 하고, 시간이 많으면 검사 게시판에 글 쓸 것을 우려한 간부들의 특별한 배려로 속칭 벌 배당을 받곤 했습니다. 매일매일 수레에 실려 밀려드는 사건 기록에 치여 살았습니다. 민원인들의 독촉 전화가 빗발치니, 화장실 다녀오는 발걸음도 급해지지요.

연말 미제 사건 수는 소속 청 실적이기도 하니 벌 배당을 하면서도 통계 관리가 신경 쓰였던 간부는 "경찰이 수사를 잘했겠어? 적당히 무혐의로 털어버려"라고 사건을 신속하게 처리하라고 독려하기도 했습니다. 매일 야근은 기본이고, 공휴일도 없었습니다.

하지만 십 원짜리로 취급되는 사건을 몰 배당받아, 밤잠과 휴식 시간을 줄여 백 원 이상의 정성을 기울였다 한들 사건 당사자가 열심히 했다고 할까요? 대부분의 검사가 이 경우에 해당하는데, 검사들의 계산서 와 사건 당사자의 계산서가 전혀 다른 이유입니다.

검사들에게 사건 처리를 독려하는 모 간부에게 "검찰이 '이가 없으면 잇몸으로' 정신으로 버틴 지 수십 년인데, 도대체 형사부 검사들에게 언제까지 희생과 헌신을 요구할 거냐? 인력이 부족하니 더는 검사들 업무를 수사관, 실무관에게 전가할 생각 말고, 이제 차장과 부장들도 사건을 배당받아 직접 처리하라"고 건의하기도 했지요.

검사들 입장에서야 희생과 헌신이지만, 사건 당사자 입장에서는 사법 서비스 질 저하라, 알고 보면 심각한 문제입니다. 수뇌부가 수사 성과를 기대하는 사진은 반부패부에 배당하여 특정 사건에 수사 인력을 집중시키고, 수뇌부 시선을 빗겨 난 사건은 형사부에서 처리하는 숱한 사건 중 하나로 '땡처리'하고서야 죄에 상응하는 처벌이 제대로 이루어질까요?

반부패부 검사들 역시 수뇌부가 기대하는 수사 성과를 내야 하는 압박감에 시달리면, 표적 수사 내지는 몰아가기 수사로 치닫는 게 인지상정입니다. 그런 수사의 과정과 결과가 과연 공정할까요?

사건을 배당하고 지휘·감독하는 간부의 저울이, 사건을 수사하고 처리하는 검사의 저울이 공명심에 오염되면, 죄의 무게가 달라집니다. 전관예우, 하명 수사 등도 저울의 눈금을 속이는 여러 원인이지요. 조국 전 법무부 장관의 배우자인 정경심 교수 사건이 제가 고발한 서울남부지검 성폭력 은폐 사건이나 부산지검 고소장 등 위조 은폐 사건보다 중할까요?

제 고발 사건들은 서울중앙지검 형사1부와 3부에서 매일 수레에 실려 배당되는 숱한 사건 기록 중 하나에 불과했고, 압수수색 한번 없이 결국 불기소 기록으로 수레에 실려 기록 창고로 갔습니다.

정경심 교수 사건 수사에는 반부패부 여러 검사실이 동원되어 광범위한 압수수색 등 강제수사와 참고인 조사가 이루어졌지요. 파야 할 사건과 파면 안 될 사건. 그 저울을 든 손이, 눈금을 보는 눈이 과연 공정할까요?

문재인 정부에서 공수처 도입 등 가시적인 성과가 없지는 않았지만, 사건 배당 제도 개선 등 법무검찰개혁위원회에서의 여러 권고가 검찰의 반대를 넘어서지 못했습니다. 검찰이 반대하는 부분이 검찰의 급소입니다. 검찰이 찬성하는 것만 바꾸고서야 개혁이라 하겠습니까? 검찰의 저울이 고장 나 있다는 것을 기억해 주십시오.

저울을 고치라고 계속 외쳐주십시오. 검찰이 고치는 시늉이라도 하고 있으면, 더는 고장 나지 않을 테고, 편향적이고 불공정한 검찰권 행사를 다소나마 주저하지 않겠습니까?

문제는 나잇값이다

임동준 | 주)동성산업 회장, 수필가

내 나이도 어느덧 93살이다. 해가 바뀌면 자연스레 나이를 먹지만 나이 드는 게 그리 쉬운 일은 아니더라. 변화하는 몸을 어떻게 대할지, 과거에 얽매이지 않으면서 지나온 시간과 관계를 이어가는 방법은 무엇일지, 놓지 못하고 꾸역꾸역해내는 일들을 도대체 몇 살까지 해야 할지, 이렇게 나이 드는 게 도대체 나와 세상에 어떤 의미일지 등등. 일단 나이를 떠올려 생각을 시작하면 삶과 세계 전체가 나이를 축으로 놓이고 복잡한 상관관계가 예상하지 못한 그래프를 그리며 하루하루를 산다.

요즈음 90에 접어든 친구들과 가끔 만나 나이 듦의 대화를 나눈다. 우정, 회고, 은퇴, 사랑, 빈곤, 나눔 등 고대부터 오늘까지 이어진 나이 듦의 주제를 각자의 문제의식과 학문적 경향을 바탕으로 풀어낸다. 그리고 나이 듦에 필연적으로 따라오는 것들을 지혜롭게 맞이하는 태도와 필연적으로 따라오지 않지만 필요하거나 희망하는 것들을 관계와 공동체 속에서 현명하게 다루는 방법을 깊고 넓게 살핀다.

무엇보다 대화를 나누는 친구들과의 사려 깊은 자세와 우아한 말투, 품격 있는 사유에서 '지혜롭게 나이 든다는 것'이 어떤 모습인지 확인할 수 있으니, 올해가 지나기 전에, 그러니까 한 살 더 나이가 들기 전에 나 자신을 반추한다.

문득 남은 인생, 어떻게 살 것인가를 생각한다. 나이가 들면 누구나 이런 생각을 하지 않을까. 요즘 틈틈이 선인들이 남긴 묘비명을 읽으면서 나의 삶을 정리하곤 한다. 아니 나의 묘비명은 무어라 써야 할까?

백년 전쟁 때 영국의 태자였던 에드워드(1330~1376)의 묘비에는 다음과 같은 글이 있다. "지나가는 이여! 나를 기억하라! 지금 그대가 살아있듯이 한때는 나 또한 살아 있었노라! 내가 지금 잠들어 있듯이 그대 또한 반드시 잠들리라"

어느 성직자의 묘지 입구에도 비슷한 내용이 있다. "오늘은 내 차례, 내일은 네 차례"라고 적어 삶이 유한하다는 것을 암시하고 있다.

유럽을 정복한 알렉산더대왕(BC 356~323)은 다음과 같은 유언을 남겼다. "내가 죽거든 나를 땅에 묻을 때 손을 땅 밖으로 내놓아라. 천하를 손에 쥐었던 이 알렉산더도 떠날 때는 빈손으로 갔다는 것을 이 세상 사람들에게 알려 주기 위함이다."

유명한 헨리 8세의 딸로서 왕위에 오른 엘리자베스 1세(1533~1603)는 어려운 여건 속에서 훌륭한 정치 수완을 발휘해 영국의 왕정을 반석에 올려놓았다. 그러나 그 역시 묘비명에는 다음과 같은 짧은 말을 남겼다. "오직 한순간 동안만 나의 것이었던 그 모든 것들!!"

임마누엘 칸트(1724~1804)는 수십 년 동안 규칙적으로 산책했다. 사람들은 그가 산책하는 것을 보고 시간을 짐작했다고 한다. 그랬던 칸트도 임종이 가까워지자 침대에 누워 있을 수밖에 없었다.

하물며 먹을 수도 없었다. 하인은 칸트가 목이 마를까 봐 설탕물에 포도주를 타서 숟가락으로 조금씩 떠먹였다. 어느 날 칸트가 더는 그것을 마시고 싶지 않다는 뜻으로 "인제 그만"이라고 말했다. 그것이 칸트가 남긴 마지막 말이다.

최근 교보문고가 발표한 세계문학 선호도 조사 결과에 따르면 50~60대가 꼽은 1위작이 '그리스인 조르바'였다. 저자 니코스 카잔차키스(1869~1941)가 건네는 자유와 해방의 목소리가 좋았나 보다. 그의 뜻은 묘비명에 잘 나타나 있다. "나는 아무것도 바라지 않는다. 아무것도 두려워하지 않는다. 나는 자유다."

몇 년 전 시애틀 타임스는 61세의 나이로 세상을 떠난 여성 작가 제인 로터의 부고를 실었는데 이 부고를 쓴 사람은 바로 작가 자신이었다. 그는 삶이란 선물을 받았고 이제 그 선물을 돌려주려 한다면서 남편에게 쓴 유언에 "당신을 만난 날은 내 생에 가장 운 좋은 날이었다"라고 전했다. 죽음 앞에서도 의연하고 살아있는 사람을 배려하는 모습이 감동을 준다.

중국의 동산(洞山) 선사(홍인 601~674)는 살아 있을 때는 철저하게 삶에 충실하고 죽을 때는 철저하게 죽음에 충실히 하라고 가르쳤다. 그가 죽기 전 남긴 말은 다음과 같다. "이생은 멋진 여행이었다. 다음 생은 어떤 여행이 나를 기다리고 있을까?"

이 밖에도 많은 묘비명이 있지만 제일 충격적인 것은 버나드 쇼(1856~1950)의 묘비명이다. 그는 1950년 사망할 때까지 극작가, 평론가, 사회운동가 등으로 폭넓은 활동을 하면서 1925년에 노벨문학상을 받았다.

당시 인기 절정이었던 무용가 덩컨(1878~1927)이 "저와 같이 뛰어난 용모의 여자와 당신처럼 뛰어난 자질의 남자가 결혼해 2세를 낳으면 훌륭한 아기가 태어날 것"이라며 구혼의 편지를 보내오자, 버나드 쇼는 "나처럼 못생긴 용모에 당신처럼 멍청한 아기가 태어날 수도 있지 않겠소"라며 거절했다.

이렇게 오만함과 익살스러움으로 명성을 떨쳤던 버나드 쇼는 94세까지 장수하며 자기의 소신대로 살았다. 하지만 그가 남긴 묘비명이 충격적이다. "내 우물쭈물하다가 이렇게 될 줄 알았다" 그는 동서양에 걸쳐 명성을 떨치고 의미 있는 삶을 살다 간 문인이요, 철학자며 노벨상까지 받은 인물이다.

이런 사람이 자기의 삶을 되돌아보며 우물쭈물했다고 자평한 것이다. 그도 삶의 마지막 순간에 정말 중요한 것을 놓치고 살았다고 후회했을까?

세월은 이처럼 유수같이 흘러간다. 앞으로 남은 시간은 더 빨리 지나갈 것이다. 그러나 사람들은 영원히 살 것처럼 생활하다가 임종이 다가와서야 쩔쩔매며 후회한다. 먼저 살았던 사람들의 묘비명이 그것을 말해준다.

이제 우리가 할 일은 그들이 알려주는 조언을 듣고 똑같은 후회를 반복하지 않도록 준비하는 것이다. 자신이 사후에 어떻게 기억됐으면 하는지 생각해 보는 것도 좋다. 남은 생은 그렇게 살아갈 수 있도록 노력하는 과정이다. 바쁜 일상에서 잠깐 일손을 멈추고 자신의 묘비명을 그려보는 것도 인생 2막을 설계하는 데 도움이 될 것이다.

'산은 산이요, 물은 물이로다'의 경지에는 이르지 못하더라도 누군가와 비교하지 않은 나만의 삶, 현재의 처지와 입장을 받아들이고 인정하는 겸허한 나만의 삶이 자신을 풍요롭게 할 것으로 믿어본다. 인생 2막 한 번쯤 되뇌며 성찰하고 생각해 볼 일이다.

살다 보니, 늙어가는 모습은 똑같더라. 세월에 장사 없다고 몸도 오래 쓰니 고장이 잦아지는 것 같다. 슬픈 일이다. 이 몸 오랫동안 내 것인 양 잘 쓰고 있지만, 버리고 갈 것에 불과한 썩어 갈 거죽에 불과한 것을 사는 동안은 별 탈 없이 잘 쓰고 돌려주고 갔으면 한다. 멀어지는 젊음을 놓지 않으려고 발버둥을 치는 모습은 가엾음을 들게 한다. 세월은 속일 수 없는 법 이런저런 수단으로 붙잡고 늘어져 봐야 결국 늙어가는 모습은 똑같더라.

독일 민요에 이런 내용이 있다. "나는 살고 있다. 그러나 나의 목숨의 길이는 모른다." 얼마나 오래 살았느냐가 중요한 것이 아니라 어떻게 살았느냐가 중요하고, 몇 살인가 가 중요한 게 아니라 얼마만큼 나잇값을 하며 올바르게 살고 곱게 늙어가고 있느냐가 중요하지 않을까.

문제는 나잇값이다. 고희(古稀), 즉 70이 넘으면 많은 사람이 이렇게 말한다. "추하게 늙고 싶진 않다!" 하지만 현실은 바람과 다르다. 쉰이 넘고

예순이 지나 일흔이 되면서 외로워지고, 자기 삶에 만족할 수 없는 사람이 많아진다. 과연 오래 산다는 것은 우리에게 축복이 되어줄까? 아니면 비극으로 치달을 수밖에 없는 운명적인 사건일까? 우주의 깊은 나이를 가늠할 때, 100년이라는 시간을 놓고 오래 산다고 따지는 것도 우스운 얘기이다.

고인 물은 썩는다

임동식 | 한국문학신문 사진국장, 수필가

흐르지 않는 물은 썩는다. 사해(死海)는 외부로부터 유입되는 모든 것을 받아들이고 끌어안는다. 밖으로 흘려보내는 것은 없다. 밖으로 내보내는 물은 자의가 아닌 타의로 증발이라는 것과 땅속으로 스며들어 밖으로 보내지는 물뿐이다. 우리 인간들은 욕심에서 벗어나지 못해서 힘들어하며 괴로워한다. 나도 인간이기에 욕심의 굴레 속에서 지금까지의 세월을 살아왔다.

지나온 삶을 뒤척여보다 사해 혹은 담수호(淡水湖)와 같은 나의 삶을 느끼게 되었다. 앞만 보며 열심히 살아왔다고, 성실하게 최선을 다해 살아왔다고 생각했다. 그러나 행복한 삶이었다고 말할 수는 없다. 욕심을 부리자면 부족한 것이 너무나 많지만, 그렇다고 현재 그리 부족한 것이 많은 것도 아니다. 저 푸르고 아름다운 사해처럼 돌을 던지지 않으면 잔잔

하고 푸르고 아름답게 보인다.

지난해 12월쯤 마음이 텅 빈 것 같은 그리고 의욕이 없고 힘이 없는 나를 발견했다. 마음은 무엇인가에 쫓기듯 불안했고 큰소리에 깜짝 놀라는가 하면 짜증을 내는 일이 잦아졌다. 출근 시간에 맞추어 일어나기가 힘들었다. 출근한 후에도 책상에 한두 시간 앉아 있기가 힘들었다.

정신적으로 혼란스럽고, 안정되지 못한 생활을 했다. 내 마음을 글로 표현하기 힘들 만큼, 살아오면서 처음 느끼는 공허한 마음 상태였다. 이런 것이 우울증의 시초인가? 병원에 가서 상담받아볼까? 이런저런 생각을 하며 안정을 찾을 방법을 생각해 보았다.

책을 읽으면 될까? 어떤 책이 좋을까? 장자의 <소요유>, <제물론>, <양생주>를 다시 읽어볼까. 아니면 음악을 들으며 명상할까. 뭔가에 몰입하면 될 것 같아 사진 출사도 여행도 해보았지만 무언가 빠져 있는 듯이 허전하며 공허했다.

집사람과 이야기했다. 대답은 나이를 먹으면 애가 된다고 했다. 또한, 마음을 비우고 욕심을 버리란다. 틀린 말은 아니다. 그러나 큰 도움은 되지 않았다. 이런 마음 상태변화도 욕심과 교만 된 생각에서 아니면 담수호와 같은 생각에서 생기는 현상일 거라고 생각되었다.

얼마 전까지만 해도 집에서 쉴 때면 잠자는 시간이 아까웠다. 휴일에는 등산하며 건강에 신경을 썼다. 산행하며 정신적으로 평안을 찾기 위해 많은 생각을 했다. 산행하는 동안 어느 정도 마음이 편해지면 가벼운 마음으로 집으로 왔다.

그러나 시간이 조금 지나면 예전처럼 공허한 마음이 되었다. 집사람과 사진을 찍으러 가기도 했다. 평일에는 시간을 아끼기 위해 텔레비전 시청 시간도 뉴스 시간과 여행 관련 프로 한 편으로 제한했다. 새로 생긴 습관 하나는 서점에 자주 가는 일이었다.

그리고 텔레비전 보는 시간을 아껴서 책을 읽는다. 책을 읽으면서 카타르시스를 느끼며 허전한 마음을 메우려는 얕은 생각을 했다. 다행한 것은 시간이 아깝다고 생각하는 것도 욕심이라는 것을 뒤늦게 알게 되었다.

문득 '구르는 돌은 이끼가 끼지 않는다. 흐르는 물은 썩지 않는다.'라는 속담이 생각났다. 담수호, 사해에 관해서 생각하게 되었다. 사해는 그 오랜 시간 동안 유입되는 것들을 욕심껏 채우기만 했지, 흘려보내는 것이 있는가? 흐르지 않는 물은 썩는 법이다. 사해의 수백 미터 밑에 있는 진흙은 외부로부터 유입된 침전물이 썩어 만들어진 진흙이다. 침전물은 흘려보내지 않아 생성된 것이다.

어쩐지 나의 삶도 사해와 닮았다는 생각이 들었다. 나 자신도 욕심으로 모든 것을 취하기만 했지, 타인을 위해 흘려보낸 것이 있는가? 행복의 꽃은 소유하고 있는 유형무형의 자산을 사랑으로 베푸는 것이라고 한다.

따뜻한 말 한마디로 도움을 준 사람이 몇이나 될까? 몸과 마음으로 타인을 위해 조금이라도 도움을 준 일이 있는가? 반문해 본다. 지금까지 살아오는 동안 담수호처럼 채울 줄만 알았지, 흘려보낼 줄 모르고 살아온 나의 삶을 반성한다. 담수호처럼 살아온 삶이었기에 황혼기에 접어들어, 허전하고 어떤 목마름을 느끼는 것이 당연한지도 모른다.

지금 시작하자, 내가 할 수 있는 모든 것을 조금이나마 방류하자. 가진 것이 없으면 재능기부를 통해서라도 정체되어있는 나의 모든 것을 방류하자, 유입되어온 모든 것들이 썩어서 퇴적물이 되는 사해와 같은 잘못을 범하지 말자. 사랑의 필터를 통해서 밖을 보자,

사랑의 필터를 통해서 나의 일부를 밖으로 흘려보내는 나눔의 삶을 살고 싶다. 지금처럼 마음의 허전함과 정신적인 혼란 그리고 삶의 허무함은 치유되리라는 교훈을 자연의 섭리로부터 깨닫고 알게 되었다.

이런 생각을 하니 이제는 마음의 평온함과 산다는 것 그리고 모든 것이 아름답게 보인다. 세상을 아름답게 바라볼 수 있도록 노력할 것이다. 항상 자연에 감사하며 앞으로의 삶 역시 자연과 교감하는 삶을 찾을 것이다. 담수호로부터 '고인 물은 썩는다'라는 진리를 알게 되었다.

세상 모든 것은 흐르고 또 흘러야 한다. 재능기부를 통해서라도 나눔을 실천하자. 그래도 내가 잘할 수 있는 것은 사진이다. 장애인들에게 사진을 찍어주었던 봉사를 계속해도 좋을 것 같다. 그러면 지금처럼 허전함과 혼란 그리고 삶의 허무함은 치유되리라 생각한다.

남은 생(生)의 모든 것들이 썩어서 퇴적물이 되어버리는 사해와 같아서는 안 된다. 세상이 아름답고 따뜻하기를 바란다면 나 자신이 흐르는 물 같은 사람이 되어야 한다. 담수호가 아닌 저수지와 같은 삶을 사는 것이 행복의 법칙임을 뒤늦게 깨달았다.

예절교육이 없다

임갑섭 | 전 서울시 교육위원회 의장, 수필가

'예절교육이 전혀 되어 있지 않다.'라는 신입사원들의 모습에 대한 신문 보도를 읽고 사족(蛇足)을 달아 본다. 예전에는 가정교육을 통해서 자연스럽게 갖춰졌던 기본예절이 이제 가정교육이 아주 부실해졌기 때문에 20대, 30대 초반 신입사원들을 기업이나 회사에서 아이 키우듯 기본적인 예절을 하나부터 열까지 가르쳐야 한단다.

따라서 '오피스 교육'을 넘어서 '오피스 육아 교육'이 절실히 필요하게 되었다는 것이다. 기본적인 생활 매너도 갖추어지지 못한 신입사원의 유아 수준의 예절교육에 어려움이 크다는 설명이다.

오피스 예절교육의 가장 큰 이슈로 잡는 것은 식사 예절에 두고 있단다. 내부나 외부 고객 등과 회식할 때이면 신입사원은 자기 앞 상위에 수저를 놓아 주거나 컵에 물을 채워주는 등의 일을 상대가 해 줄 때까지 멀뚱멀뚱 앉아 있다는 것이다.

　직원 한 사람 한 사람이 모두 회사의 얼굴이라 할 수 있는데 이렇게 기본예절 자체도 모르는 데는 낯 뜨거운 일이 아닐 수 없다고 한다.

　더욱이 비즈니스를 위한 자리에서 고객과 일을 잘 풀어가자는 식사가 오히려 상대의 기분을 망치게 되는 경우가 있다며 신입사원들의 자세나 모습이 이 지경에 이르니 회사에서라도 가르치지 않을 수 없게 되었다고 한다.

　또 동료 또는 상사와 고깃집의 회식 자리에서 '고기는 누가 굽나, 찌개는 누가 드러나누나.' 등으로 눈치를 살피거나 신경전을 할 일이 아니겠다. 집게나 국자를 누구든 간에 서둘러 잡아야 할 것이고, 먼저 잡은 사람의 몫이 될 일이다.

　그렇다면 누가 앞서 잡아들어야 할 것인가. 윗사람이나 나이 든 사람이 앞장서야 할 일인가, 요즈음 젊은 사람들은 이러한 일들이 '배려'가 아닌 위계에 따른 '굴종'이라는 차원으로 여긴다고 한다.

　서로를 위하고 격려하는 식사 자리에서 고기 판의 고기를 뒤집고 자른 일이며 옆 사람에게 국을 덜어 나누는 일이 어찌 굴종이고 자존심을 내세울 일이겠는가.

　더욱이 식사 요금은 윗사람이 내는 경우가 많을 것으로 젊은 사람은 식사 대접받는 차원에서라도 거들어야 할 일이다. 매사 사고나 인식의 차가 아닌가 한다.

　나 같은 경우는 예나 지금 할 것 없이 아랫사람이나 후배들과 같이하는 식탁일지라도 자리에 앉자마자 곧 숟가락 통에서 숟가락, 젓가락을 챙겨 각자 앞에 놓아주고, 물컵에 물을 따라 옮긴다.

학교 근무할 적에 이런 내 모습에 젊은 여자 선생님의 말씀이 "교장 선생님께서 수저를 놓아주면 어떻게 해요"라 했다. 그러면 난 "선생님은 아이들 가르치시며 고생하시는 데 나는 교장실에서 맨날 놀기만 하지 않아요."하며 웃기도 했다.

한편 '나이가 꽤 든 사람이 경망스럽다.'라 여길 수도 있겠으나 '당신을 존경하고 또 나이가 한참 아래라면 당신이 사랑스러워서다.' 라는 뜻을 담아 물을 따르고 숟가락을 놓아주게 되는 것이다.

숟가락을 놓고 물을 따르는 일 등은 힘이 드는 일이 아니다. 또 힘이 조금 쓰일 고기를 굽는 것도 그렇다. 이런 일들을 먼저 서둘러 하는 것은 몸에 밴 배려 정신이고 평소 다져진 바른 인성이고 자세이겠다.

더욱이 예쁜 또는 듬직한 신입사원이 고기를 타지 않고 알맞게 구워서 옆 사람의 접시에 나누어 놓아준다면 얼마나 싹싹하고 정이 넘치는 모습이겠는가. 직장이나 사무실의 누구에게나 사랑받을 사람이 분명하겠다. 입사 동기 중 첫 번째 승진자가 틀림없겠다. 나아가 나의 작은 수고로 상대의 마음을 따뜻하게 해 줄 수 있다면 내가 더 행복할 일이다.

글의 서두에서 요즈음 젊은이들의 가정 예절 지도가 전혀 되어 있지 않기 때문에 직장에서 지도가 필요하다고 했다. 요즘 친구 같은 부모 밑에서 떠받들어 자란 자식이 직장에서 부모가 아닌 다른 어른과의 관계를 난생처음으로 쌓아 가다 보니 대처 방향을 찾지 못하고 우왕좌왕이며 갈등이 있게 마련이라 한다. 진정 예쁜 자식이라면 누구에게나 예쁜 자식으로 길러져야 하겠다.

무엇보다도 우선 자식 예절교육에 노력하고 모범을 보여야 할 근자의 부모가 예절 정신과 자세가 갖추어져 있는지 자성해 보자. 한 중소기업대표가 미숙한 신입사원을 꾸짖었더니 그 신입사원의 어머니가 대뜸 전화해서 "왜 우리 애를 야단치느냐"며 항의하고 "우리 아이 내일부터 회사 안 나간다." 전화로 일방적인 퇴사 통보까지 하더란다. 그 자식 훌륭한 인간이 되겠는가.

학교 현장도 비슷하다. 툭하면 학부모의 항의가 계속된다. "우리 자식 왜 나무라며 기죽이느냐"라 대들고 나댄다. 옛날 우리 부모는 선생님들께 "우리 아이 때려서라도 사람 되게 해주세요."라 당부하고 당부했다.

개념 없는 부모가 자식의 교육이며 직장생활을 망치는 데 앞장서고 있음이다. 그 부모에 그 자식은 어느 직장을 가던 적응할 수 없을 것으로 영원한 유아로 부유(浮遊)할 일이다. 그 어머니부터 우선 예절교육을 철저히 받아야 하겠다.

젊은 사람들의 식사 예절을 탓했는데, 예로부터 우리는 '밥상머리 교육'을 강조해 왔다. 밥상머리 교육이 무엇이겠는가. 내가 어렸을 적에는 부모는 물론 할아버지 할머니를 중심으로 모든 가족이 함께 모여 식사하곤 했다.

특히 할아버지며 아버지와 겸상(兼床)할 때이면 무릎 꿇어 단정한 자세로 숟가락, 젓가락의 사용은 물론 밥이며 반찬을 떠먹는 것도 나름대로 방식에 따라서 단정해야 했다. 혹이라도 부실할 때는 예외 없이 지적받고 곧 시정했다.

더욱이 할아버지와 아버지의 지도보다도 옆에서 지켜보시는 할머니와 어머니의 눈초리, 눈빛이 더 엄격했었다. 전근대적인 가부장제를 높이 산 것 같으나 할아버지 아버지의 권위가 존중되고 받들어져 가정의 위계질서가 정립되었으며, 그에 따라 바른생활 자세가 확립되고 그 속에서 생활 예절이 단단히 가꾸어졌었다.

반면 오늘의 가정의 현실은 어떤가. 핵가족화 되어 엄격한 조부모의 지도를 받을 기회가 상실되었고, 가정생활상은 농경사회와 다르게 안정과 질서가 잡히지 못하고 분주하며 혼란스럽기 짝이 없다. 몇 되지 않는 가족만이라도 모두가 뿔뿔이다. 식사 역시도 시간과 내용이 각자 다르다. 가정교육 운운할 계제가 아닌 것 같다.

또한, 어머니라면 자식들의 음식만은 손수 주무르고 짜서 간을 보아가면서 정성을 담아야 할 것이다. 그 음식 속에 엄마의 알뜰한 사랑과 정이 살아 움직이겠다. 그것도 아니라면 최소한 자식들이 무엇을 얼마만큼 어떻게 먹는 것만이라도 지켜보아야 할 일이다.

더욱이 근래는 가부장제(家父長制)가 아닌 가모장제(家母長制)가 되어가고, 엄부자모(嚴父慈母)가 엄모자부(嚴母慈父)로 뒤바뀌었다고 한다. 아버지가 가정의 표상이고 상징이 아닌 아버지 자리에 어머니가 서게 된 것이다.

어느 성을 비하하거나 존중하자는 것이 아니다. 사회의 흐름에 따를 수밖에 없겠으나 이제 가정교육의 중심이 되고 몫이 어머니의 책임이 아닌가 한다. 현모양처가 더욱 요구되고 있음이다.

사교육에 지나치게 의존하지 말자

임재택 | 전 목포문태고등학교 교장

　　현명한 의사는 치료를 약에만 의존하지 않는다. 그 이유인들 일시적으로야 약이 그 질병 치유에 효과가 있을지라도 다른 영역의 부작용을 염려하기 때문이다. 기본적으로 모든 약이 위는 물론 때로는 인체 장기에 심각한 부작용을 초래하는 예도 있다.

　더구나 약을 남용하게 되면 인간의 몸은 더더욱 저항 능력의 약화로 우리도 모르게 지속해서 더 강한 처방을 원하게 된다.

　보건복지부의 발표에 의하면 우리나라는 선진국에 비해 과도한 약물 남용으로 필요 이상의 약을 먹는다고 한다.

　우리나라 교육의 현실은 또 어떠한가. 몸에 이상이 생기면 의사의 진료와 처방에 따라 적절한 약을 먹듯이 아이들이 진도에 뒤처진다면 사교육을 통해 보충할 수도 있다고 하자. 사교육 자체를 부정하거나 사교육의 효과를 전면적으로 무시할 수는 없다.

공교육의 불신 현상은 출세 지상주의적 자녀관, 자녀의 능력을 무시한 자녀에 대한 과도한 기대감, 도시의 학부모들이 경쟁 심리에 의한 학생을 사교육 시장으로 내모는 점 등이 가장 큰 원인으로 작용하고 있다.

그래서 스스로 의지와 노력으로 거의 아무 문제도 해결 못 하는즉슨 자기 주도적 학습력이 매우 약한 학생들이 대량 생산되고 있고 창의력을 지닌 인재를 제대로 걸러내지 못하고 있는 것이 현실이며 우리 교육이 반드시 풀어야 할 과제의 하나인 것이다.

특히 한국인은 가장 경쟁적인 민족이며 무조건 남보다 앞서야 한다는 의식을 갖고 살아간다. 어느 부문에서는 아무리 공교육이 정상화된다고 할지라도 학생이 자기 학습의 의지와 책임감을 느끼고 스스로 적극적으로 참여하지 않으면 제대로 학력을 향상하게 시킬 수 없다는 것이므로 사교육의 필요성이 여전히 존재하는 분야도 인정할 수밖에 없다는 것이다.

초, 중학교의 열풍도 그렇지만, 특히 고교의 사교육은 그 초점을 수능 시험에 맞추어 모든 가치를 판단하기 때문에 생겨난 것이다. 사교육은 학교 교육 외의 다른 교육 활동으로 학문적인 지식 이외에도 보충 교육, 학업 지원, 관심 분야 개발 등 다양한 발전으로도 이루어진다.

사교육은 더 개인화된 교육을 제공할 수 있기 때문에 경제적으로 부유한 가정들이 이점을 가질 수 있고 학교 과정 외에 추가적인 학습을 받을 수 있으며 이에 따라 학생들에게 과도한 학업 부담을 주고, 휴식과 여가를 제한할 수 있고 학업 성과나 입시 등에서 좋은 성과를 내기 위한 경쟁이 치열해질 수 있으며 이는 학생들에게 불필요한 스트레스를 야기하고 창의적 사고와 다양한 능력을 개발하는데 제약을 줄 수 있다.

학교에서 낱낱이 피아노를 가르쳐주는 데 한계가 있어 피아노를 가르치기 위해서는 어쩔 수 없는 일인지도 모른다. 그런 의미에서 사교육은 잘 활용만 하면 자녀들의 교육에 플러스가 될 수도 있을 것이다.

그런데 약의 경우와 마찬가지로 사교육의 남용에 따른 부작용도 심각함을 알지 못하는 것만 같다. 사교육이 현재의 성적향상 목표는 달성할지 몰라도 아이들의 창의력과 학습 의욕은 점점 떨어진다는 것이다.

우리나라 학생들의 시험점수가 경쟁국에 비해 높다지만 학습 의욕은 현저히 떨어진다는 통계는 많은 것을 암시한다. 이러한 문제점들을 해결하기 위해 교육 체계와 사교육의 상호 협력 및 균형을 추구하는 노력이 필요합니다. 또한 교육 기회의 평등성을 확보하고 학생들의 발전과 행복을 중시하는 교육 방향을 모색해야 할 것이다.

질병 치료에 있어서 약을 계속 먹으면 더욱 강한 약에만 의존하게 되듯이 사교육 역시 지나치면 더욱 사교육에만 매달리고 싶고, 부모가 사교육에 의존하면 당사자인 자녀들도 점차 사교육에 익숙해져 버려 결국엔 스스로 공부하는 독립적 능력을 잃게 되고, 나중에 성인이 되어서 독창적 삶을 살아가는 능력마저 부족하다는 데 있다.

그런데도 현재의 부모들은 마치 당장 아픈 것을 치유하겠다는 단순한 욕심에 빠져 약을 남용하듯이 사교육에 지나치게 의존하고 있으며 누구에게나 공급되는 평균적 교육에 만족하지 않는 잘못된 인식도 문제이다. "내 자식이 앞서기 위해서는 남보다 더", "명문대에 들어가기 위해서는 남보다도"가 학부모나 학생들의 잠재의식을 지배하고 있기 때문이다.

이러한 것들을 해결하기 위해서는 국가 차원에서의 대책이 마련되어야 하고 학교 교육을 변화시켜야 하며 교실 수업의 혁신이 관건일 것이다.

또한 사교육이란 이러한 병 치유를 위해 어느 땐 어쩔 수 없이 약에 의존한다 치더라도 유능한 의사나 약사의 조언을 듣고, 남용해서는 안 되며 약에 의존하기보다는 약을 활용할 수 있어야 하듯, 아이들의 장래를 위해서는 사교육 역시 절제하면서 의존하지 않고 꼭 필요하다면 활용할 수 있는 지혜도 가져야 할 것이다.

네 말이 맞다

임채규 | 나주임씨대종중 도유사

문득 황희정승의 고사가 머리에 떠오른다. 영명하신 세종대왕 치세 10년간 영의정으로 봉직하면서, 실질적으로 나라를 바르고 훌륭하게 다스렸을 때였다. 그런 황정승의 치국 덕분에 여유를 가지면서 훈민정음을 창제하신 세종대왕님이시다.

어느 날 황희정승에게 집안의 하인 부부 중 아내가 찾아와서 물었다. "아버님 제삿날인데 저희 개가 새끼를 낳았습니다. 아무래도 제사를 지내지 말아야 하지 않겠습니까?", "제사는 안 드려도 된다." 황희정승이 답했다.

그런데 조금 있다가 남편 하인이 찾아와서 물었습니다. "아버님 제삿날에 저희 개가 새끼를 낳았지만 그래도 제사는 드려야겠지요?" 황희정승이 답하기를 "그렇지, 제사는 드려야지." 그러자 옆에 있던 정승의 부인이. "대감께서는 어찌 같은 일에 둘 다 옳다고 하십니까?"라고 핀잔해주었다.

황희정승이 공무 중에 잠깐 짬을 내 집에 와있을 때의 일이다. 집의 여종 둘이 서로 시끄럽게 싸우다, 한 여종이 와서는…."아무개가 저와 다투다가 이러이러한 못된 짓을 하였으니 아주 간악한 년입니다"라고 일러바쳤다. 그러자 황희는 "네 말이 맞는다"라고 하였다. 또 다른 여종이 와서 꼭 같은 말을 하니 황희는 또 "네 말이 맞다"고 하였다.

마침 옆에서 지켜보던 황희정승의 조카가 답답해서 말했다. "숙부님 판단이 너무 흐릿하십니다. 아무개는 이러하고 다른 아무개는 저러하니 이 아무개가 옳고 저 아무개가 그릅니다" 그러자 황희정승은 "네 말도 맞다" 말하고 독서를 계속하였다.

어떤 취지든, 이게 맞는 것 같다. "네 말이 맞다." 아니다 싶으면, '죄송합니다' 하고 자리를 피하는 게 낫지. 굳이 나의 옳음을 증명하려 들면 정말 피곤해진다. 어떠한 경우든 논쟁은 하책이다. 말해줘도 이해 못 하고, 사람 생각 못 바꾼다.

사소한 일을 두고 편을 가르는 말씀을 하면 가정 평화가 깨어진다는 신념을 가지신 황희정승께서는, 그러나 국정에 임해서는 바른 처사와 명쾌한 판결로 국정의 옥석을 가려서 나라를 잘 다스리신 것이다. 모두가 새겨보아야 할 청백리이시자 탁월한 치적의 선조의 발자취이다.

제 탓이요 제 탓이요 내 탓으로 소이다. 김수환 추기경님의 행적은 종교를 떠나 국민적 추앙을 받으셨다. 지난 90년대 초반 내 탓이요 운동이 전국적으로 번져나갔다. 맑은 가난은 탁한 부보다 가치가 더하다. 법정스님의 무소유 명언이다.

나는 우리 자손들에게 남겨줄 유산이 하나도 없다. 길을 가면서 꽃씨를 뿌리면 그 꽃의 선한 마음을 우리 다음 세대가 거둘 것이 아닌가? 한경직 목사님의 유언이다. 두 분의 무소유 신념과 실행이 가슴을 누르면서 나는 무엇을 하였는가 돌이켜 보게 만든다.

그러나 세분의 국가 지도자께서 유명을 달리하신 지금은 국가 지도자가 없다. 대신 그 자리에는 상대방의 마음을 헤집는 가장 저열한 언사만 난분분(難紛紛) 한다. 최악의 언사를 구사해야 마치 제 놈이 최고라도 되는 양 여기는 모양새이다.

2023년 항저우 아시안 게임에서 중국, 일본에 이어 3위의 쾌거를 이룩해 내었다. 그 국가 선수단에는 진영논리를 앞세우는 지도자가 없다. 오직 대한민국 선수로서 최고 최대의 기량을 정정당당하게 기울여서 1등이 되는 것이다.

운동선수로서 거짓이나 위선 그리고 꼼수가 없이, 자기 능력을 최선으로 경주(傾注)하여 최고의 경지에 이르는 것이 목표이다. 지도자, 감독과 코치들도 선수들이 정당하게 기울이는 기량 증진에 온 힘을 기울이고 있다. 이곳에는 진보나 보수나 지역의 이념 갈등이 없는 것이다.

대단한 대한민국 우리나라 국가 대표선수들의 기상(氣像)이요 웅지(雄志)이다. 우리나라 사회 지도자 특히 정치지도자들은 2022년(원래 2022년에 개최하기로 되었으나 코로나19 영향으로 2023년으로 1년 연기되었다) 아시안 게임 선수들로부터 배우는 것이 있어야 한다.

무엇을 배우라는 말인가? 갈라지지 않고 하나로 뭉치면 힘이 크게 나서 잘한다는 이치를 말한다. 국민이 하나로 뭉친다는 말은 모든 국민이 참여하는 의회 즉, 직접민주주의를 말하는 것인가?

지금은 과거 그리스처럼 직접민주주의를 실행할 수가 없다. 그때의 그리스는 폴리스라는 소수 인구로 구성된 여러 도시형 국가였기 때문에, 그 국가의 구성원이 모두 의회에 참가하는 직접민주주의가 가능했다.

인구 5천여만 명의 대한민국에서 무슨 수로 전체 국민이 참여하는 의회를 연다는 말인가? 대의정치(代議政治)는 국가의 주인인 국민이 심부름꾼으로서 선거에 의하여 대통령, 국회의원과 지방자치단체장을 뽑는 것이다. 또한, 의결 방법도 다수결 원칙 즉, 의사결정 투표 결과 한 표라도 더 많은 편의 것을 결정(決定)하는 원칙을 적용한다. 특수하게 중요한 사안은 3분의 2 초과 의사결정 원칙을 적용한다.

따라서 우리나라 헌법에는 우리나라는 민주 공화국이다 라고 명시하고 있다. 우리나라의 국체(國體)를 공화제(국민이 주인), 그리고 정체(政體)를 민주주의(民主主義, 국민이 의사결정)라고 명시하고 있다. 그리고 그 의사 결정방법이 선거에 의할 경우는 일정 나이 이상(현재 18세)인 국민의 보통, 직접, 평등, 비밀 투표에 의한다.

행정부 특수 정무직 공무원, 국회 특수직 공무원과 법원의 특수직 공무원들은 이번의 아시안 게임 3등 쾌거에서 자신의 본분에 대하여 배우는 바가 있어야 한다. 왜냐하면 그들은 대의정치로 선임되거나 그 선임된 자에 의하여 임명된 자들이기 때문이다.

그들이 일한 대가는 누가 주는가? 누구 덕분에 생계를 이어가는가? 하도 부정한 처사로 졸부가 되었으니, 국민의 세금은 발톱 속의 때처럼 작게 보이는가? 세금을 내는 주인을 장기판의 졸로 여기는, 그들의 처사가 주인인 국민의 심사를 뒤틀리게 한다. 선거 때는 각종 미사여구로 한 표의 지지를 소원하다가 선거가 끝나 당선만 되면 태도를 표변(豹變)하는 작자가 많은 요즘 세태이다.

앞에 열거한 인사들과 그 외 인사라도, 사회 통념상 소위 고위직 인사나 국가 지도자들은 황희정승님이나 김수환 추기경, 한경직 목사와 법정 스님의 말씀과 행적을 되새겨 보아야 한다.

그 길이 주인인 국민에게 바르게 봉직(奉職)하는 길이다. 바로 우리나라 국민의 저력 즉, 이번 아세안 게임, 과거 88올림픽, 2002월드컵과 1997 IMF 사태 시 국민의 단결된 힘을 바로 보아야 한다. 장롱 속 금붙이로라도 모아서 국난을 극복하려는 의지에서 보는 바와 같이, 국론을 하나로 통일하여 국가의 저력을 키우는 데에 있는 직(職)의 본분을 망각하지 말아야 한다.

정치란 바르게 하는 것이다. 그대가 솔선하여 바르게 한다면 누가 감히 바르지 않겠는가? 논어 안연(顔淵) 편에 나오는 공자님 말씀이다. 이 글을 읽어보고 새기는 고위 공직자나 국가 지도자가 단 한 명이라도 있기는 한가?

대파 한 단, 양말 세 켤레

임종성 | 대전 대별공인중개사 대표

　　　　　　　　　　의, 식, 주, 우리는 보통 생활의 3대 요소를 말할 때 이렇게 이야기한다. 아마도 발음하기가 편해서 그렇게 말하는지는 몰라도 내 생각은 식, 주, 의라고 해야 순서가 맞을 거로 생각한다, 첫째 식은 안 먹으면 무조건 죽으니까 너무나 당연하고, 다음으로는 아무래도 옷보라는 집이 더 중요하지 않을까?

　아무튼, 국가나 공공 기관도 의복보다는 주택이라는 글자가 들어가는 기관이 많다. 내가 대충 아는 주택이라는 명칭이 들어가는 기관만 해도 각기 다른 업무를 맡는 주택이라는 글자가 들어가는, 이를테면 LH(한국토지주택공사)를 비롯하여 주택관리공사, 주택도시보증공사, 주택연금공사, 한국주택금융공사, 서울을 비롯한 각 지자체 주택도시공시, 국민주택채권, 국민주택기금 등이 있다.

그중 하나인 국민주택기금의 업무를 보면 주택건설 자금의 원활한 공급을 통한 주택건설 촉진 및 무주택 서민을 위한 저리의 주택자금 지원으로 서민 주거안정을 도모하기 위해 조성된 기금이다.

1973년 1월 한국 주택은행에 "국민주택 자금계정"을 설치하고 운영해오던 공공주택자금을 1981년 7월 국민주택기금으로 별도로 설치하여 한국 주택은행에 업무를 위탁하면서 본격적으로 공공주택금융이 시작되었다.

재원은 자체재원(대출금 회수, 주택 저당증권, 이자 수입 등), 차입금(1, 2종 국민주택채권, 청약 저축), 정부 내 지출(정부 출연, 정부 회계 차입, 복권기금, 적립금 등)로 조달된다. 조성된 기금은 국민주택(분양주택, 임대주택)의 건설 지원, 주택구매 또는 전세자금지원, 국민주택건설을 위한 대지조성, 주거환경 개선 등의 지원에 사용된다.

오랫동안(약 25년) 건축시공만 하다가 부득이한 사정으로 접고 야간에 학원에서 취득한 공인중개사 자격증 하나 믿고, 부채가 많은 상태에서 전혀 경험도 없이 희망을 품고 고향 선배한테 사무실 임차보증금은 물론, 준비자금 일체를 빌려서 2004년 초봄에 공인중개사업소를 개업하긴 했었다.

그런데 나를 아는 그 많은 사람 중에 잘할 그거라고 격려해주는 사람은 한 사람도 없고, 모두 다 염려해주는 사람뿐이었다. 역시나 사람들이 보는 눈은 정확했다. 체질적으로나 능력 면으로나 잘못된 선택이었다는 것을 알기까지는 그리 오랜 시간이 걸리지 않았다.

내 사무실 주위에 공용면적 43㎡(약 13평형) 규모의 275세대쯤 되는 임대 아파트가 있었는데, 이 아파트가 바로 민간업자가 국민주택기금의 자원을 받아 건축한 아파트인데 임대차 5년이 지나 분양을 시작하는 그런 아파트였다.

임차해서 살던 사람이 분양을 받을 수도 있고, 제삼자가 분양을 받아서 살수도 있고, 아니면 임대사업을 할 수도 있고~ 7월 중순쯤인가 어린 아이를 데리고 젊은 여자 분이 와서 자녀가 둘인데 집이 비좁아서 더는 살기가 곤란하다고 단독주택 전세를 좀 구해달라고 부탁하러 왔다,

마침 단독주택을 임차해서 살던 젊은 부부가 다른 곳으로 이사를 해야 할 처지인데 임대차 종료 기간이 안 돼서 자기들이 전대를 하고 가야 하는 집이 있어서 전세금 4천만 원에 집주인 당사자와 합의, 원만하게 계약을 체결하고 계약금 4백만 원을 지불했다.

그런데 한 3일 후에 임대하기로 한 여자 분이 하얗게 질린 얼굴로 사무실에 허둥지둥 오더니 "사장님 큰일 났어요. 아파트 분양사무실에 전세를 해지한다고 전세금 반환신청을 해야 하는데 자기들은 아무 때나 이사한다고 하면 전세금을 돌려주는지 알고 아무런 조치를 안 했더니 전세금을 돌려주는 접수가 다 끝나서 안 된다고 하니 어쩌면 좋으냐, 4백만 원은 우리에게는 너무나도 큰돈이라고 발을 동동 구르고~일단 알았으니 집에 돌아가시라 하고, 전대한 부부에게 연락했더니 곧바로 부부가 달려와서 큰소리를 쳤다.

"중개사가 무슨 일을 그따위로 하느냐고 노발대발하면서 자기들은 이사 갈 곳에 계약금을 치른 것은 물론 시설까지 완료해서 안 가면 안 되니 알아서 하라"고 하면서 휭~하니 가버리니 난감하기도 하고 수모를

당하니 어안이 벙벙했다.

집에 와서 오늘 있었던 이야기하니 집사람이 우리 처지를 봐도 "젊은 부부가 4백만 원이면 적은 돈이 아니니 어떻게 능력 좀 발휘해서 손해를 안 보게 해보라고 해서 용기를 내서 돈을 빌려준 고향 선배에게 사정을 이야기하고 전세가 해결되면 돌려줄 테니 3600만 원만 융통해달라고 부탁하니 자기는 지금 여유가 없고 다른 사람이 그런 좋은 뜻이면 빌려준다는 승낙을 받았다.

기쁜 마음에 먼저 전세의뢰인에게 연락했더니 뛸 듯이 좋아해서 한시름 놓고 있는데, 전대차 하는 부부가 찾아와서 전에와는 다르게 상냥한 어조로 지금 자기들이 이 집에 이사 온다고 하는 사람을 만나고 왔으니, 사장님 잘못이 아니므로 그쪽은 그냥 계약을 파기하고 계약금 4백만 원은 자기들하고 반씩 나누자고 했다

그리고 임차한다는 사람한테 사장님이 중개보수를 받으면 좋지 않겠느냐고 하는데, 과연 이 사람들이 나한테 수모를 안겨주던 그 사람들인가 싶은 것이 참 씁쓸~, 아니라고, 내가 임대차 잔금 3,600만 원을 당신들 임차 종료일에 틀림없이 돌려줄 테니 계획대로 이사하라고~ 이사를 못 하면 막대한 지장이 있으니 나보고 책임지라고 하지 않았느냐고 했다.

사장님 참 바보라고~ 사장님이 잘못한 게 하나도 없는데, 2백몇십만 원이 그냥 생기는데 그런다고……. 우여곡절 끝에 전대하는 부부가 이사하고 집은 비어있는데, 아~ 이것 참!! 때가 지나서 그런지 임대는 좀처럼 안 되고~ 맡긴 돈인 양 4백만 원 언제 주느냐고 재촉은 하고~ 그러던 차에 오래전부터 하고 있던 모임에 가서 이 이야기를 했더니 인간적으

로 취지는 좋지만, 사정이 난감하겠다고 회원들이 위로도 해주었다.

그런데 회원 중에 전에 내가 건축사업 할 때부터 오래도록 절친하게 지내며 나하고 협력 업체였던 도배, 장판을 시공하는 회원이 나를 쳐다보면서 우리 집에 큰 현장에서 시공하고 남은 짜지 벽지가 남아있는데 집 전체(방 3, 거실)를 통일된 벽지로는 안 되지만, 방마다 다르게는 충분히 할 수 있으니 시간 여유가 있는 날 부부가 같이 가서 무상으로 도배를 해줄 테니 밥이나 사달라고 하기에 감사해서 집주인에게 취지를 이야기했다.

그래서 사장님이 알아서 하시라고 흔쾌히 승낙을 해주셨다. 친구 부부가 종일 도배는 물론, 장판까지 싹 바꿔놓으니 집이 한결 환하고 좋아서 그런지 얼마지 않아서 임대차계약이 체결되고 추석 며칠 전에 이사까지 무사히 마치니 모든 것이 순리대로 된 그것 같아 마음이 흐뭇했다.

며칠 후에 처음 임대차계약을 했던 부부가 대파 1단을 가지고 내 사무실에 와 서너 무나 고맙다고, 남들은 어떤지 몰라도 자기들한테는 4백만 원은 너무나 큰돈이라고~ 남편 되는 사람이 무슨 학교인가 어디 실습농장에 다니는데 형편이 너무 어려워 부끄럽지만 파 1단 들고 왔다고 하면서 연신 고맙다고, 복 많이 받으라고 하는데 가슴이 뭉클했다.

부부가 말투나 순진한 것이 지적인 면이 어딘가는 좀~, 다음날 집주인 부인이 머뭇머뭇 사무실에 들어오더니 양말 3켤레가 들어있는 조그만 곽을 주면서 너무 약소해서 미안하고 고맙다고, 임차인들도 좋으신 가족이 오셔서 그렇게 좋을 수가 없다고……. 대파 한 단 양말 세 켤레~ 그해 추석 선물로서는 값을 떠나서 의미로 보나 어쨌든, 나에게는 잊지 못할 최고의 선물이었다.

추석 때 가족들한테 자초지종을 이야기했더니, 가족들 모두가 참 잘했다고 박수를 쳤다. 지금 내가 남의 빚을 얼마나 지고 있는데, 잘했다고 손뼉을 치는 식구들이나, 나 자신이나 참~ 예나 지금이나 워낙 돈 버는 재주가 없고 게다가 버는 것보다 쓰는 데가 더 많은데도 가족들이 불평 없이 도와줘서 지금까지 살고 있으니 가장의 체면이 말이 아니고, 이제는 건강관리나 잘해서 가족들에게 짐이나 되지 않게 하려고 부단히 노력하며 살고 있다.

연변 조선족 동포에 대한 소고

임동규 | GF에너지주식회사 대표이사, 시인

요즘 웬만한 도시나 시골까지도 식당이나 공장 등에 가보면 힘들고 궂은 일하는 분들 중에 어렵지 않게 연변 조선족 동포들을 만나게 된다. 이분들은 분명히 중국 국적의 중국인이다. 그런데 그들은 중국 내에서 스스로를 조선족이라 일컫는다.

2007년 여름 연변을 여행할 기회가 있었다. 어느덧 16년 이란 세월이 흘렀지만, 그때 그곳에서 겪고 느꼈던 일들을 새삼스럽게 회고하는 것은 근래 조선족 동포를 포함하여 수백만 명의 외국인들이 국내에 들어와서 우리와 함께 밀접한 관계를 이루며 함께 살고 있는데 이에 대한 국가와 국민이 더불어 고민하고 해결해야 할 문제들을 생각해보자 함이다.

이렇게 많은 해외 인력이 절대적으로 부족한 산업현장의 일손을 해결해주는 긍정적인 면과 여러 가지 사회적 문제가 대두되는 부정적인 측면이 서로 공존하면서 최근엔 외국인 근로자들을 대거 영입하여 부족한 국내 노동력을 해결하기 위하여 국가산업 현장에 투입하여야 한다는 여론이 일고 있고 실제로 관계 당국이 이를 검토하고 있는 것으로 언론에 발표되고 있다.

이러한 상황에서 조선족 동포들에 대하여 생각해보고자 한다. 이미 알려진 바와 같이 중국 동북3성 일대는 일제 강점기에 일제의 핍박을 피해 또는 항일 독립운동을 하기 위해 고국을 떠난 우리의 선조들이 만리 타국에서 필설로 다할 수 없는 갖은 고초를 겪으며 자리 잡고 살았던 곳이자 옛 고구려의 고토이다. 필자가 연변지역을 여행할 당시만 200만이 넘는 재중 조선족 동포들이 동북3성 일대에 살고 있었고 연변 지역만 해도 약 80만을 헤아리는 동포들이 살고 있었다고 한다.

그러나 많은 사람들이 해외로 특히 한국으로 일자리와 새로운 생활 터전을 찾아서 이주하여 동북3성 특히 연변 일대의 조선족 분포가 현저히 줄어들었고 이로 인해 조선족 자치 정부의 존립조차 위협을 받고 있으며 이러한 문제들이 중국 정부의 동북공정이라는 정책으로 더욱 심화되고 있는 게 작금의 현실이다.

최근에 연변 지방을 여행해 본 분들은 16년 전 필자가 방문했던 연변의 상황과는 크게 변하여 달라졌겠지만, 연길을 포함한 시골까지 우리나라의 어느 지방 같은 느낌이 들게 했었다. 도시의 상점 간판이 한글로 되어 있었고 (한글 아래쪽에 중국어가 병기된 점이 다르지만) 시골 풍경은 우리의 60년대를 연상케 하며 유치원서부터 대학에 이르기까지 한글과 우리 문화와 역사를 가르치는 우리 조선족 학교가 골고루 분포되어 있었다.

필자가 당시 연변 일대를 여행하면서 깊은 충격을 받았었는데 이는 연변 일대에 거주하는 조선족 숫자가 급속히 감소하여 소학교(초등학교)를 포함한 조선족 모든 학교가 점차로 폐교되고 조선족 어린이들이 중국인 학교에 편입되어 수업을 받게 됨으로써 그들이 우리 말과 글을 완전히 잊어버리고 그들 어린이와 청소년들의 민족성이 말살되는 심각한 상황을 목도하고 심히 안타까운 심경으로 발걸음을 돌린 적이 있었다.

귀국하여 안타까운 심경으로 고심 끝에 우리나라 각 가정과 학교 등에서 버려지는 헌 책들을 모아서 연변으로 보내기로 하고 그렇게 모아진 책으로 조선족 선생님들이 주말에 아이들을 모아서 우리 한글과 말과 우리 민족의 문화와 역사를 가르치기로 그곳 동포 지인들과 협의하여 결정하고 시도하였으나 중국 당국의 방해로 이루지 못하고 부득불 자비를 들여 연변 현지에서 우리말로 된 책을 발간하여 배포해서 연길 일대의 도시와 오지의 조선족 선생님들께 보낸 적이 있었다.

그 후 여러 가지 사정으로 이일을 계속하지 못하고 현재에 이르러 늘 마음속에 아쉬움과 숙제로 남아있다. 훗날 기회를 만들어서 다시 시작해 보고 싶은 마음 간절하다.

돌이켜 보면 그곳 동포들이 고국을 잊지 않고 우리말과 우리글과 문화와 전통과 역사를 후손들에게 끊임없이 가르치고 이어 왔던 것에 대한 감동을 지금도 잊을 수가 없다. 또한, 우리의 전통민속 문화 중에는 오히려 우리나라보다도 더 잘 계승되어 온 부분도 꽤 된다고 한다. 참으로 대단한 일이 아닐 수 없다.

연변을 여행할 그 당시에 우연히 그곳 연길에서 조선족 의과대학을 나온 의사 한 분을 만나 연변에서 며칠 동안 동행하며 백두산을 함께 오를 기회가 있었다. 우리들 어릴 때가 연상되듯이 연변 시골 농부의 아들로 태어나 도시에 나와 가난을 딛고 각고의 노력 끝에 의과대학을 졸업하고 의사로서, 의대 교수로서 비교적 사회적으로 성공한 그런 40대 초반의 조선족 동포였는데 당시 중국 내에서 점점 축소해져 가는 조선족의 위상과 예측되는 장래와 조선족 동포들 전반적인 문제에 대하여 여러 가지로 소상히 감명 깊은 대화의 시간을 가질 수 있었다.

북한의 도시와 지방도 수차례 방문하였다 하여 비교적 소상히 북한 실상을 들을 수 있었으며 당시 연변 지방의 교포들 생활 실태와 두 개의 모국(한국과 북한)을 바라보는 그들의 생각들을 가감 없이 허심탄회하게 얘기하고 느낄 수 있었다

그런 과정에서 한국에 나와 있는 많은 해외 동포근로자, 특히 연변 조선족들을 다시 생각하게 된 것이다. 그네들이 누구인가? 과거를 돌이켜 보면 일제 암흑기에 고향을 떠나 낯설고 험한 이국땅 황야에서 일제에 쫓기고 중국인들에게 설움 받고 마적 떼들에게 위협까지 받으며 끈질긴 생명력으로 버텨온 바로 우리 이웃 친인척 조상들의 후손들이 아닌가? 지금은 경제적 수준이 우리보다 낮은 관계로 잘사는 고국에 돈 벌러 와서 개중에는 무시당하고 설움 받으며 고생하고 살아가는 바로 우리의 형제자매들인 것이다.

그들이 태어나서 자라고 성장해서 결혼하고 자식 낳아 기른 길림 성 연변 일대는 물론 동북 3성 전역에 걸쳐 그들의 남편이, 아내가, 그들의 어린 자식들이, 그들의 늙은 부모가, 훗날의 행복을 꿈꾸고 기다리며 어

려움을 견디며 살아가고 있고, 반면 이곳 우리들 주변에는 연변에 남아 있는 또 다른 그들의 남편이, 아내가, 어머니가, 누이가, 갖은 어려움 속에서도 훗날의 행복을 꿈꾸며 이제는 거꾸로 타국 만 리가 된 고국, 우리나라 우리 주변에서 몸과 마음고생을 하며 우리들과 함께 하는 것이다.

여기서 우리 한국 사람들이, 특히 그들을 고용하고 있는 사업주들이, 그네들을 어떻게 바라보고 어떻게 대해왔는가, 혹여 무의식중에라도 그들을 무시하고 마음에 상처를 주지는 않았는지, 그리고 앞으로 그들을 어떻게 생각하고 어떻게 대해야 하는가를 깊이 있게 생각하지 않을 수 없다.

우리들이 경제적으로 조금 잘산다고 그것이 어찌 우리 스스로가 이룬 전부이며 그네들의 우리보다 어려운 경제 사정이 어찌 그들만의 탓인가? 그들과 그 조상들은 버려진 이국땅 황무지에서 그 연변 조선족 삶의 터를 그래도 이만큼이나 이루어 내고 지켜오지 않았는가. 달리 보면 그들의 희생이 오늘의 우리 사회가 있게 한 상당한 부분이었음을 또한 부정할 수 없는 게 아닌지?

필자가 그때 여행 중 느낀 바로는 그곳 동포들이 생각하는 고국에 대한 애증과 민족에 대한 개념이 우리가 그들을 생각하는 그것과는 아직도 사뭇 다르다는 것이었다. 이제 우리나라는 세계 10대 경제 대국이 되었다. 거기에 걸맞은 재외동포 정책이 국가로부터 제대로 세워져야 한다.

특히 일제에 의해 고향을 떠났던 분들의 후손들이 중국이나 러시아 주변국 등에서 형언할 수 없는 큰 어려움을 겪고 있고, 그 숫자조차도 파악할 수 없이 우리들 관심 밖으로 잊혀진 수많은 탈북동포가 생명의 위협을 받으며 기약 없이 대륙 곳곳을 방황하는 현 상황에서 모든 국내외 거주 동포들에 대한 적극적이고 구체적인 정책이 세워져야 할 것이다. 그것이 오늘날 그들에 대한 조국의 책무이다.

경제적으로도 실질적인 지원이 당장 필요하다. 그동안 북한 퍼주기 논란이 끊이지 않고 이어져 왔는데 이와는 별개로 정치적 목적이 아닌 순수한 동포 돕기 차원에서 국가가 시급히 추진하여야 하며 더불어 국내에 들어와 있는 불법 입국자를 포함한 동포근로자들에 대한 처우도 그들을 위한 근본적인 정책변화가 있어야 한다. 이를 외면한다면 이는 만주에서 또 시베리아에서 갖은 고초를 겪으며 항일독립운동에 여생을 바친 애국선열과 그 후손들에 대한 죄악이며 위정자들을 포함한 우리가 모두 민족과 역사 앞에 죄인이 될 것이다.

국민 개개인의 재외 동포 관도 이제 크게 달라져야 한다. 고국 땅에서 고생하는 동포들을 따뜻한 눈으로 바라보고 뜨거운 가슴으로 얼싸안아야 한다. 또한, 그들을 돕는데 물심양면으로 인색함이 없어야 한다. 그리고 혹시 동포들이 사는 나라를 여행 기회가 있을 때도 역시 같은 생각으로 그들을 대해야 한다.

개념 없이 거들먹거리며, 현지 교포들의 가슴에 상처가 되는 언행을 삼가고 동포애로써 일가친척 형제자매처럼 생각하고 행동해야 한다. 그러면 그들로부터 몇 배 더 많은 호응과 사랑을 받게 될 것이다.

그럴 때 우리 민족이 정말 화합되고 함께 행복해지는 미래가 열릴 것이라 확신하며 그때 2007년 여름 8월 중순 3박 4일 동안을 함께하며 많은 대화와 도움과 감명을 주신 조선족 연변 의과대학 모모 교수님께 이 자리를 빌려 심심한 감사를 드린다. 또한, 국내에 들어와서 어려운 환경 속에서도 꿋꿋이 여러 방면에서 많은 일에 종사하고 고생하시며 행복한 미래를 꿈꾸는 조선족 동포들, 모든 해외 거주 동포들께 감사와 더불어 그분들과 그분들 가정에 건강과 큰 행복이 깃드시길 두 손 모아 기원한다.

2007년 필자가 여행하던 그 당시 연변 조선족 지역도 건설과 개발이 한창이었다. 그 재원의 상당 부분이 한국에 나와 있는 동포들이 힘들게 벌어 보낸 돈이 밑거름된다고 하니 7~80년대 중동 열사의 사막에서 우리 근로자들의 땀 흘려 벌어들인 외화가 한강의 기적을 이루는 밑거름이 되었음을 회상하며 연변 조선족 자치지역의 큰 발전과 번영을, 그리고 모든 해외동포의 안녕과 행운을 기원해본다.

천사 부부의 배려

임지택 | 전 목포동초등학교장, 수필가

　　　　　　　　친구가 보내준 카톡을 읽어보면서 만병통치에 도움이 된다는 다이돌핀이 물씬 일어남을 느꼈다. 카톡은 이렇게 시작하고 있다.

「나는 인터넷과 SNS를 통해 컴퓨터 장사를 하고 있습니다. 며칠 전 오후 6시 경 전화 한 통을 받았습니다.」 윗글에서 보는 바와 같이 '나는'으로 시작하는 것으로 미루어 보아 나는 이라고 밝힌 컴퓨터 상인이 특정 사안에 대하여 작성한 글이 누군가에 의해 카톡에 기고되었다고 보아진다.

중고 컴퓨터를 주문한 사람은 서울시내 초등학교에 유학시키고 있는 경상도 칠곡에 거주하는 초등 6학년 여학생의 어머니다. 이 학부모가 컴퓨터 중고품을 구입하려고 지인의 소개를 받아 컴퓨터 상인에게 전화로 주문한 것이라고 보아진다.

전화 주문을 받은 후 열흘 쯤 지난 후에 주문에 적합하다고 여겨지는 물품이 확보되자 칠곡의 애 어머니께 연락하여 할머니와 초등 6학년 여학생이 거주하고 있는 집을 찾아가 컴퓨터를 조립하고 있을 때 6학년 딸 애가 들어오면서 "아저씨! 고마워요." 하면서 환호성을 질렀다고 한다. 마치 그 상인이 컴퓨터를 구해준 은인인 것처럼 좋아했다는 것이다.

할머니는 "너 열심히 공부하라고 네 엄마가 사준 것이라며 학원시간 늦지 않게 어서 갔다 오너라!" 하니까 그 애는 후다닥 뛰어나갔다. 상인은 집안에 액세서리를 조립하는 부업거리가 가득 쌓여있는 것을 눈여겨 보고 집안 형편이 넉넉하지 못한 것으로 짐작했다.

상인은 컴퓨터 조립을 마치고 돌아가는 길에 버스정류장에 서 있는 그 아이를 보고 "어디로 가니? 아저씨가 태워다 줄게."라고 하자 어쩌면 주저할 만도 한데, 제 집에서 보았던 아저씨라서 인지 "하계역이요." 가게와 반대 방향이지만 태워다주기로 마음먹고 차에 태우고 달렸다.

10분쯤 지났을 즈음에 아이가 화장실이 너무 급하다고 해서 앞에 보이는 패스트푸드 점포 앞에 차를 세우자마자 "아저씨! 그냥 가세요."라는 말을 남기고 건물 안으로 들어가 버렸다. 그렇지만 여기까지 왔는데 그냥 버려두고 간다는 건 너무 애절한 마음이 들어 기다렸다가 태워다 주기로 생각하면서 무심코 아이가 앉았던 조수석 시트를 보는 순간 깜짝 놀라지 않을 수 없었다.

시트에는 검붉은 피가 묻어있었기 때문이었다. 그 순간 6학년 애의 첫 생리라고 직감하고 망설임도 잠시, 비상등을 켜두고 차에서 내려 속옷 가게를 찾아 헤맸다. 단지 중고 컴퓨터를 납품해준 조손 가정의 초등학생의 생애 첫 생리인데 엄마가 안 계신 상황에서 아이가 얼마나 당황하고 무서움에 떨고 있을 것인가를 생각하니 앞, 뒤 가릴 것도, 얼마간의 돈이 들어가는 것쯤은 마음에 들어오지 않았다.

속옷을 사려하니 어떤 사이즈를 골라야 하는지? 또 속옷만 사면 모든 게 해결될 것인지... 도무지 알 수 없어 집에 있는 아내에게 전화를 해서 택시를 타고 청량리역으로 오라고 하면서, 자세한 이야기는 택시 타고 오면서하라고 당부했다고 하니 이들의 마음 씁씁이를 짐작할 수 있다.

그의 아내는 택시 안에서의 통화로 전후사정을 파악하고 이에 대처할 물품을 말해주었다고 하니 마치 007작전 같아 보였다. 아내의 작전지휘를 받고 남편은 일사분란하게 준비를 마치고 그 아이가 들어갔던 건물로 황급히 차를 타고 갔다고 하니 이 작전은 성공한 것이나 다름없어 보였다.

준비해간 물품을 가지고 세 칸짜리 화장실에 들어가 차례로 문을 두들기며 "애야! 여기 있니? 나는 컴퓨터 아저씨 네 아줌마야!" 했더니 목구멍으로 기어들어가는 소리로 "네에!" 하고 응답하더란다. 그 시간까지 밀폐된 공간에서 혼자서 울면서 어찌할 바를 몰라, 그저 울고만 있었다고 한다.

이러한 전후사정을 모르고 초조하게 차에서 기다리고 있는데 아내로부터 문자가 왔다. '앞에 보이는 꽃가게에서 예쁜 꽃 한 다발 샀으면 좋겠다.'는 내용이었다. 이러한 상황에서 어떻게 대처해야 좋을지 모르는 상황인데 그의 아내는 마치 이 같은 일이 마치 자기 친딸의 경우처럼 최선의 방법을 생각하고 실천하고 있으니 천사부부라고 말해도 과장이 아닐 듯싶다.

패스트푸드 가게 앞에 꽃다발을 들고 기다리는 컴퓨터 아저씨 앞에 나타난 아이의 눈은 퉁퉁 부어있었다. 밀폐된 공간에서 어찌할 수 없어 그저 울고만 있었기 때문이리라.

화장실에서 낯선 여인을 처음 본 순간은 멋쩍게 웃어보이다가 챙겨 간 옷가지와 물품을 보고나선 엉엉 소리 내어 울었다고 하니 그간의 처절한 상황을 짐작하고도 남는다.

당사자인 아이는 그렇다 치고, 상인의 아내도 덩달아 울어 눈물자국으로 범벅이 되었다고 하니 그 당시의 상황은 마치 친 모녀처럼 기막힌 상황에서 어찌할 바를 몰라 치밀어 오르는 울음을 주체할 수 없어 얼굴이 퉁퉁 부었을 것이라고 유추한다.

누가 먼저랄 것 없이 저녁밥을 먹여서 보내고 싶어 아이를 설득했으나 한시 바삐 집에 가고 싶다고 해서 집 앞에서 내려주고 돌아서려 할 때 아이는 "아저씨! 아줌마! 너무너무 고마워요! 한 마디를 남기고 울면서 집으로 뛰어 들어가 버렸다고 한다. 이 같은 어린애의 모습을 보면서 상인 내외의 눈에서도 뜨거운 눈물이 흘러내렸다고 하니 천사부부라는 말이 조금도 어색하지 않을 것 같다.

상인 부부의 배려는 여기서 끝나는 것이 아니었다. 아내와 돌아오는 차속에서 중고 컴퓨터 매도 가격이 22만원이라는 말을 듣고 어려운 조손가정의 형편을 딱하게 여겨 22만원 모두 돌려주고 오자는 아내의 제안을 듣고 다시 돌아가 10만원을 돌려드리고 귀가 했다하니 이같이 마음씨 고운 부부의 배려를 어디서 찾아볼 수 있겠는가?

그날 밤 열한 시쯤 아이엄마로부터 전화를 받았다. "여기 칠곡인데요, 컴퓨터 구입한…."이 한마디를 하고는 한동안 말을 잇지 못하고 목이 메어 우는 소리가 들렸다고 한다.

제2부
삶, 그리고 고향을 말한다

임만규	아름다운 길
임금택	눈물이 절반이다
임정희	정원이 주는 기쁨
임용담	'양간다리' 5일 장날
임종주	고향 예찬
임영희	내 생애 최고의 선물
임선자	우리 모두의 아버지
임왕택	임길택 선생을 추억하다
임재근	풀꾹새는 왜 우는가
임양성	희망의 미래를 가슴에 담자
임춘임	엄마의 아들과 딸

아름다운 길

임만규 | 주)동화출판사 대표이사, 시인

        기상예보를 보고 이른 점심식사를 마친 후 아내와 길을 나섰다. 본격적인 여름휴가철이 되기 전 편한 여행을 하기 위해서다. 목적지는 남해안 통영으로 45년 전 우리부부가 신혼여행을 갔던 곳이다.

    당시의 충무시가 통영군과 통합되어 이젠 통영시가 되었다. 신혼여행은 부산과 충무를 거쳐 경주까지 여행했는데, 부산과 경주는 여러 번 다녀왔지만 통영시는 처음으로 방문하게 되었다. 아내는 '한산 섬'과 그 앞 바다가 가끔 생각나는지 어떻게 변했을까 늘 궁금해 했다. 아니 가보고 싶어 했다는 말이 더 정확할 것 같다.

    경부고속도로를 달리다 대전을 막 지나서 우측의 대전 - 통영간 고속도로로 들어섰다. 차량통행이 적어 도로가 한적하다. 마음에 여유가 생기니 음악을 켜고 아내와 말없이 한손을 잡고 달린다. 생텍쥐페리의 '사랑은 마주 보는 것이 아니라 함께 같은 방향을 보는 것'이란 말처럼 오늘 우리도 같은 방향을 보고 달리고 있다.

반세기 가까운 긴 세월을 지나온 부부의 수많은 사연들, 자식을 키워온 수고와 보람, 약해져만 가는 심신에 대한 회심, 그 파노라마가 이제는 용광로로 들어가 용해되고 정제되어 하나가 된다. 한세월 잘 살아왔다고, 감사하다고, 무언의 손길에 격려 그리고 위로가 오간다.

출발할 때는 먼 길이라 생각했는데, 생각보다 빨리 도착했다. 지난 45년의 세월을 잠시 잊고는 가슴 설레는 신혼부부로 돌아와 충무 앞 바다와 조우한다. 진즉 와볼 수도 있었으련만 왜 이제야 마음을 낸 것인지. 아내에게 미안함을 느낄 수밖에 없다.

케이블카에 탑승해 정상까지 오르니 통영시와 한려수도가 한 눈에 내려다보인다. 망원경으로 한산 섬을 바라보니 불현듯 당시의 추억이 떠오른다. 우리 둘만을 태우고 섬에 상륙해 곳곳을 안내하고 설명해주었던 그 멋쟁이 선장아저씨, 외지에 나갔다가 고향으로 돌아왔다는 그를 떠올리며 아직 살아있을지, 궁금해 했다.

신혼부부가 이렇게 긴 시간을 돌아 할아버지 할머니가 되어 돌아왔는데, 한산 섬은 전혀 변함이 없어 보인다. 눈앞에 펼쳐진 바다와 섬, 그 정경이 새삼 아름답다. 저녁에는 파도가 돌을 굴리는 한가한 소리를 박자 삼아가며 호텔 야외 커피숍에서 밤 깊도록 지나온 이야기들을 나누었다. 분위기 탓인지 힘들고 어두웠을 때 보다는 즐겁고 행복했었던 이야기가 꽃을 피웠다.

아침 일찍 창문을 열어보니 바다에 비가 내린다. 섬들도 희미하게 멀리 앉아있다. 비가오니 배를 타고 섬에 가는 일은 포기해야할 것만 같다. 할 수없이 일정을 바꾸기로 했다.

남해의 독일마을을 가보자는 아내의 말을 듣고 지도를 살펴보니 그리 멀어 보이지도 않는다. 나는 아내가 그곳에 가보고 싶어 하는 이유를 말하지 않아도 알 수가 있다. 독일에 간호사로 가 그곳에서 결혼하고 정착한 후배 '한분희'가 생각나서 그런 것을 말이다.

3개 섬을 5개의 연륙교를 통과해 달린다. 옅은 해무 속에 이슬비가 내리는 길이다. 순간 길가에 세워진 '아름다운 길'이라는 푯말이 눈에 들어왔다 사라진다. 기대감으로 정겨운 농가와 어촌 마을을 지난다.

독일마을은 바다가 내려다보이는 언덕을 따라 위치해있다. 이국적인 독일식 집들의 길을 따라 오르니 안내소와 주차장이 나타난다. 우산을 쓰고 안내인의 말대로 언덕 위 기념관에 먼저 들려 입장했다.

지하전시장에는 1960년 대 서독에 파견되었던 광부와 간호사들의 애환이 담긴 사진과 기록이 전시되어있다. 교포들이 전통독일식 건물을 건축하고 축제도 열어가며 생활해가는 이야기들도 소개해주고 있다.

늦은 아침 식사를 하며 '한분희'의 이야기를 나누었다. 우리가 1993년도에 독일을 여행할 때, 프랑크푸르트에서 아내가 그녀에게 전화를 걸었는데, 전화를 받은 그녀가 놀랍게도 이른 아침에 호텔 뷔페식당에 찾아왔다. 독일인 남편과 수줍음을 타는 세 살의 사내아이를 데리고 왔다. 알려준 호텔이름이 프랑크푸르트에는 여러 곳이라 찾아 다녔다며 새벽에 600km를 달려왔단다.

놀라는 우리에게 아우토반에는 속도제한이 없어 3시간 걸렸다며 대수롭지 않게 이야기한다. 나는 결혼 전 그녀를 한 번 본 적이 있었는데 기억은 잘 나지 않았다. 귀국 후 전화에서 그녀는 우리와 좀 더 이야기를 하고 싶어 계속 따라오다가 그만 버스를 놓쳤다고 말했다. 외로움 때문에 결혼했다는 그녀가 착한 남편을 만난 것은 참으로 다행스러운 일이다.

남편은 여러 차례 아내와 아이를 데리고 한국을 방문했다. 초등학생인 아들에게는 내가 출판한 피아노레슨전집을 선물했었다. 그 소년은 이제 의사가 되어 하이델베르크 의대연구원으로 근무한단다. 안타까운 소식은 그녀가 몇 년 전 암 수술을 하고 투병중이라 했는데, 지금은 다행히 건강을 많이 회복했다고 한다.

식사를 마치고 나오니 해무가 걷히면서 빨간 지붕과 멋진 창문의 이국적인 집들, 독일마을의 전경이 한 폭의 그림처럼 눈앞에 멋지게 펼쳐진다. 정성으로 잘 가꿔놓은 정원의 이곳저곳을 돌아보고 다시 길을 달린다.

소박하게 산다는 게 얼마나 어려운지
손잡고 걷고 걸어 반세기 지나온 길
노을에 걸터앉아서
바라보는 시간들.

사랑과 기쁜 일은 가슴에 쌓아놓고
눈물과 아픔들은 물에다 흘려가며

우리는 마주 보지 않고
같은 길을 걸었네.

『시조/아름다운 길』

 길은 남들이 만들어 놓은 길을 가는 경우도 있지만 또 내가 만들며 갈 때도 있다. 가끔은 목적지를 정하지 않고 가고 싶을 때도 있다. 그것은 일탈이라서 두려울 수도 있지만 자유라고 생각할 수도 있을 터이다. 어차피 인생의 방향은 모두 같다.

 태어난 순간부터 우리가 거부하지 못하고 가는 길, 그 길의 여정이 조금 바뀌었다고 뭐 그리 마음을 쓸 일이겠는가. 더구나 사랑하는 사람과 함께 가는 길이라면 더 말해 무엇 하겠는가. 길가의 '아름다운 길' 푯말이 아침보다 더욱 선명하다. 빨간 다리를 건너 바닷길을 달린다.

눈물이 절반이다

임금택 | 전 신한데이타시스템 사장, 영화배우

고향이라는 말은 누구에게나 다정함과 그리움과 안타까움이라는 정감을 강하게 주는 말이면서도, 정작 '이것이 고향이다'라고 정의를 내리기는 어려운 용어이다. 고향은 나의 과거가 있는 곳이며, 정이 든 곳이며, 일정한 형태로 내게 형성된 하나의 세계이다. 그저 태어나서 자라고 살아온 곳, 마음속 깊이 간직한 그립고 정든 곳이다.

서울에 살면서 새삼 고향을 생각하는 까닭은 그저 물리적으로 먼 곳에 있는 고향이 그리워서만은 아니다. 우리가 흔히 입에 올리는 지금(now)의 진실 때문이다. 지금 여기만 오롯할 뿐 다른 것들은 모두 과거의 기억이나 미래의 소망으로서 실재하는 게 아니라는 사실이다.

내가 태어난 무안군 일로읍 아래 광암(光岩) 마을 뒷산에 널따란 큰 바위가 있어 주민들은 이 바위에서 마을 일을 의논하고 흥겹게 놀기도 하였다. 마을 유래는 분명하지 않으나 주로 나주임씨(羅州林氏) 집성촌이다.

마을의 지형이 남향의 소쿠리형으로 아늑한 느낌을 준다. 영산강 둑이 막히기 전에는 마을 앞까지 바닷물이 들어와 선사시대부터 사람들이 살았을 것으로 추정되는 지형이다. 그러한 이유 때문인지 마을 주변에는 지석묘들이 군집을 이루고 있다.

이제 고향은 정체된 탓에 답답하다. 고향을 박차고 떠나는 것은 청년들이다. 하지만 탈주 욕망을 부추긴 더 좋은 사회적 기회를 거머쥐려는 기대는 좌절되기 일쑤다. 요새 고향은 덧없이 사라진 과거, 그 부재가 빚는 그리움 속에서 기억의 왜곡을 낳는다.

고향이란 무엇인가? 고향은 선조들의 오래된 땅이고, 태어나고 자란 풍경, 원초적 입맛과 취향을 빚는 곳이다. 그것은 깊숙하고도 고요한 애착의 장소, 참된 삶의 바탕이고, 지각적 통합성을 만들며, 정서의 중심을 관통하는 근원이다.

사회학자 전광식(全光植)은 "고향은 존재의 추상화를 배격한다."라고 말한다. 고향은 개별적 실존의 생생함을 부여하지만 도시는 개별자를 원자 단위로 쪼개고 헐벗은 익명성 속에 가둔다는 뜻이다.

어린 청소년 시절은 부모님과 고향에 살았다. 특히 아버지의 역할이 성장 발달에 영향을 크게 미쳤다. 아버지라는 사람은 어디에서 시작된 존재이며, 가족에게 있어 부성의 역할이 무엇인지 자못 궁금해진다. 그래서 도무지 아버지 모습이 전혀 보이지 않는다. 그럼 불효자식일까.

반포지효(反哺之孝)라는 말이 생각난다. '까마귀 새끼가 자란 뒤에 늙은 어미에게 먹을 것을 물어다 준다.'라는 의미다. 그런데 현실을 보면 부모

알기를 우습게 아는 일들이 비일비재하여 인간이 까마귀 새끼만도 못한 일들이 여기저기서 나타나는 것을 볼 때 참으로 안타까운 마음 금할 수 없다.

조선 중기 이이(李珥, 1536~1584)는 "인간이 지을 수 있는 죄가 3천 가지가 있는데, 그 중의 가장 큰 죄는 바로 불효하는 죄다"라고 했다. 그런데 오늘날 그런 좋은 정신과 전통이 무너지고 있어 안타깝다. 이 사실을 나 자신에게 되묻는다.

아버지는 일자무식이었다. 정말 낫 놓고 기역도 몰랐다. 어려운 집안 형편으로 아무것도 배우지 못했던 까닭이다. 비록 가난했지만, 자식에 대한 교육열만큼은 누구보다 큰 부자였다. 아버지의 지성이 오늘의 나를 만들었다.

아버지는 아들을 무식꾼으로 살게 하고 싶지 않았다. 나는 명문교인 목포에 있는 유달 중에 시험을 쳤다. 함께 시험을 봤던 친구들은 모두 떨어졌고, 혼자만 겨우 합격했다. 당시 아버지의 어깨가 한 뼘 올라갔다.

일로 시골에서 목포에 있는 중학교에 다니는 일은 그리 쉽지 않았다. 새벽에 집을 나와 50분쯤 걸어서 목포행 통학 열차를 타야 했다. 아버지는 아들의 등굣길을 동행했다. 아들을 교문으로 들여보내고는 목포 부둣가 부두로 향했다. 힘든 하역작업을 한 뒤 아들의 수업이 끝날 무렵 학교로 돌아왔다. 아버지는 나의 손을 잡고 귀가했다.

이따금 아버지는 이런 부탁을 했다. "교실에 들어가거든 창문을 살짝 열어 놓아라." 당시엔 교실 창문을 비싼 유리 대신에 한지를 발랐다. 신설 학교라 임시 가교였기 때문이었으리라. 아버지의 말씀대로 늘 창문을 빠끔 열어 놓았다. 그런 날엔 아버지는 부두로 일을 나가지 않으셨다. 창문 틈새로 아들이 공부하는 모습을 내내 지켜보셨다.

 지금까지도 기억이 새롭다. 1학년 때엔 창 쪽 48번이 내 좌석이었다. 학년이 바뀌어도 내 자리는 언제나 창 쪽이었다. 아마 아버지가 선생님에게 특별히 부탁하신 것이었을까. 그럴 리는 없었을 것이다.

 아버지는 수업을 마치고 나오면 교문 밖에서 환한 미소를 지으며 반겨 주셨다. 그리고 통학 기차를 기다리면서 단팥죽을 사서 먹였다. 아버지 한 그릇, 나 한 그릇. 그때의 팥죽 맛이 아직도 잊히지 않는다. 아버지의 등하교 동행은 고등학교에 들어갈 때까지 3년간이나 연속이었다.

 목포 상고에 입학하자마자 아버지는 고향에 있는 막걸리 양조장으로 일자리를 옮겼다. 자전거에 무거운 막걸리 여섯 통을 매달고 배달하러 다녔다. 나중에 양조장이 어려워지자 그것을 인수하기도 했다. 집안의 형편은 좋아졌으나 아버지의 건강은 점점 나빠지기 시작했다. 술을 즐기던 아버지는 아들의 대학 졸업을 앞두고 끝내 세상을 뜨고 말았다.

 아버지의 눈에는 눈물이 보이지 않으나 아버지가 마시는 술에는 항상 보이지 않는 눈물이 절반이었다. 문득 시인 김현승(金顯承, 1913~1975)이 쓴 '아버지의 마음'의 한 구절이 문득 생각난다. 지금은 이슬 맺힌 눈으로 술잔을 기울인다. 아버지를 떠올리는 술잔에도 눈물이 절반이다. 이제야 불효자식의 한(限)을 반추해 본다.

 돌이켜 보니, 내 나이 벌써 80에 들어섰다. 사람의 나이가 80이 되면 이제 앞쪽을 봐야 할 때다. 아버지의 은덕으로 요새도 시간적·경제적 여유를 기반으로 소비 생활과 여가를 즐기고 있다. 독거노인이 늘어나고 심지어 고독사의 불행이 우리 주변에 자주 나타나고 있음은 참으로 우려스럽고 부끄러운 일이 아닐 수 없는 현실에 다행스러운 일이다.

  늙어서도 행복하게 잘 사는 방법은 없을까. 늙어서 돈이 부족하여도, 부자가 아니어도, 인생에서 행복을 잃지 않고 살아가려면 반드시 알아두어야 할 비법은 없을까. "좋은 친구를 많이 만들어라."라고 늘 말씀하셨던 아버지 모습이 희미하게 떠오른다. 좋은 친구가 많은 사람은 오래 살아갈 뿐 아니라 행복 지수도 높게 살아간다.

  어쨌든, 친구들은 나쁜 행동이나 잘못된 결정들을 막아주며 인생의 즐거움과 가치를 느끼게 하는 역할도 담당해준다. 푸른 잎도 언젠가는 낙엽이 되고, 예쁜 꽃도 언젠가는 떨어진다. 이 세상에 영원한 것은 없다. 그러나 좋은 친구들과 함께라면 아무리 먼 길이라도 즐겁게 갈 수 있다. 아버지와 같은 친구가 많은 것이 다행이다. 이게 바로 건강 장수의 길이라 믿는다.

정원이 주는 기쁨

임정희 | 재독EU 정간호사

발 마사지와 접지의 장소! 요즘 맨발 걷기운동이 유행하고 있다. 발 마사지와 접지 그리고 어씽의 효능을 직접 경험한 사람들의 경험담을 유튜브를 통하여 보고 들으며 내가 정원을 오랫동안 가꾸며 얻은 기쁨이 떠 오른다.

코로나 시대의 피난처! 우리 정원은 400㎡ 크기로 본 시청에서 세내주어 약 25년 전부터 가꾸어 오고 있으며 집에서 5분 거리에 위치하여 있다. 코로나로 인하여 외부와의 접촉이 없고 다른 사람들과의 만남이 불가능할 때 이곳은 유일한 나의 피난처였다.

정원에는 채소를 심어 놔서 날마다 물을 주고 풀도 뽑아 줘야 한다. 그때마다 경험하는 것이 있다. 나의 몸과 마음의 피로가 사라진다는 것이다. 한 시간만 일하고 나면 벌써 피로가 풀리고 기분이 상쾌해진다.

그리곤 늘 생각나는 분들이 있다. 나의 부모님이시다. 농촌에서 힘에 겨운 농사를 하시고도 장수하신 원인에 대해 생각해 보았다. 우리 어머니는 93세로 별세하실 때까지 한 번도 병원 신세를 져보신 적이 없다. 아버지도 85세까지 장수하셨다.

그리고 돌아가시던 날까지 건강하셨다. 돌아가시던 날조차도 자전거로 4km 떨어진 시장에 가서 식료품을 사 오셨고 어머니와 함께 저녁을 드시고 대화를 나누신 후 밤 중에 숨을 거두셨다.

난 항상 두 분이 건강하게 사신 원인이 의문이었다. 우린 지병 관리 예방프로그램이니 뭐니 뭐니 하여 늘 의사의 도움을 받고 있지 않은가? 그런데 어떻게 우리 어머니는 병원 신세 지지 않고 장수하실 수 있었을까 생각해 보았다.

내가 정원에서 잔디밭을 가꾸고, 풀 뽑고, 채소 심고, 물주면서 기쁜 마음으로 채워짐을 경험하며 감사하는 마음도 가득하다. 그러면서 얻은 답이 하나 있다. 부모님께서 흙을 접지하며 얻으신 것이 바로 건강이었으리라는 것이다.

걷기 명상지! 나는 몇 주 전부터 맨발로 흙을 밟으며 일하기 시작했다. 그전까지만 해도 물이 발에 젖는 것이 싫어서 정원 신발을 신고 일했다. 그러나 이제는 정원에 들어서자마자 신발을 벗고 맨발로 잔디밭을 한 바퀴 돈다. 비 온 후의 잔디는 축축해서 기분이 상쾌하다. 그리고 자연스레 천천히 걷게 된다. 천천히 걸으면서 걷기 명상하게 된다.

빨리 걸으면 벌을 밟을 수도 있기에 어디를 딛는지 보면서 밟는다. 우리 정원에는 아들이 취미로 가꾸는 벌통들이 놓여있다. 벌들은 잔디밭에 핀 클로버꽃의 넥타를 빨고 있을 때가 많다. 그래서 유난히 자세히 보지 않으면 벌을 밟을 수 있다. 밭에는 돌길과 잔디 그리고 흙으로 된 부분이 있다. 이 세 가지 다른 부분들을 천천히 번갈아서 걸어 본다.

돌길은 햇볕을 받아 따스하게 느껴진다. 하지만 잔디밭은 차가우며 신선함을 느끼게 한다. 그리고 나선 흙을 밟으며 일하기 시작한다. 신발을 신고 일하던 때의 감상과 정원을 바라보는 나의 시선이 현저하게 달라졌다.

힐링의 장소! 전에는 일해야 한다는 선입감이 앞섰다. 그 중압감이 이젠 기쁨으로 변했다. 맨발로 잔디밭을 몇 번 돌고 나면 기분이 벌써 상쾌하여진다. 한 시간만 흙을 밝으며 밭에서 풀을 매고 나면 머리가 맑아짐을 느낀다.

이젠 정원이 나의 몸과 마음을 치료해 주는 힐링 처소로 변했다. 일이 끝나고 나면 흙에 젖은 발을 미리 받아 둔 빗물 속에 담가 족욕을 한다. 그 상쾌함은 전에 경험해 보지 못한 그야말로 웰네스이다. 따라서 건강에 여러 가지 변화가 생겼다.

아직 몇 주 되지 않았는데도 밤에 잠이 잘 온다. 차던 발이 따스하게 느껴진다. 잔디밭과 콘크리트 길 그리고 흙을 밝으며 큰 차이를 느끼게 된다. 나의 건강에 도움을 주고 기쁨을 안겨다 준 정원이 얼마나 감사한지 모르겠다.

한국인의 채소! 정원이 주는 기쁨에 또 한 가지가 있다. 한국인들이 좋아하는 상추, 부추, 들깨, 쑥갓, 도라지와 더덕까지 심었다. 부추, 도라지, 더덕은 다년생이라 해마다 심지 않아도 된다. 쑥갓 역시 따로 심을 필요가 없다.

늦은 가을까지 꽃이 피는 쑥갓은 정원에서 여름 내내 노란색으로 빛을 발한다. 그리고 벌과 나비들이 좋아하는 꽃 중의 하나이다. 저절로 씨앗이 떨어지면 다음 해 봄에 새로 새싹이 돋아난다. 얼마나 예쁘고 기특한지!

작년에는 오래되어 낡아진 온상을 헐고 새로운 온상을 마련했고 토마토와 오이를 함께 심었다. 온상 밖에 심는 것보다 수확이 더 좋았다. 여름 내내 신선한 오이와 맛있는 토마토를 먹을 수 있었다. 토마토를 심기 전에는 온상에서 상추씨와 들깨 씨를 뿌려 모종을 만들어 냈다. 상추는 봄부터 여름 내내 샐러드로 먹을 수 있다.

밭에는 주로 감자를 심었고 나머지 밭엔 고추, 양파, 호박, 비트를 심었다. 올해는 감자의 수확이 작년보다 떨어졌다. 어떤 크기의 종자 감자를 심어 주느냐가 수확을 결정하는 것 같다. 큰 종자 감자는 큰 감자가 나왔고 작은 종자의 감자는 작았다. 그래서 경험이 중요한 것 같다. 그리고 우리 정원에서 생산한 감자의 맛이 현저히 다른 것을 경험한다.

아로마가 있고 맛이 훨씬 좋다. 얼마나 좋은 경험인가? 감자와 반대로 주키니 호박은 두 그루만 심었는데도 거의 30여 개의 주키니를 수확했다. 얼마나 무럭무럭 잘 자라는지 다음날 가서 보면 벌써 새로 익은 주키니 호박을 딸 수 있었다. 올해 들어 비가 많아 더 잘 자랐다.

나누는 기쁨! 어쨌든 그 많은 호박을 우리가 다 먹을 수 없어서 이웃과도 나누고 멀리서 사는 딸과 친척들 그리고 합창단 단원들과도 나누었다. 이젠 반 자급자족하는 삶이 되었다.

봄에 심어 여름과 가을에 추수하는 채소만큼은 그렇다. 많은 사람이 소원하는 것이 작은 땅 한쪽을 가꾸는 것이다. 그러나 이젠 땅이 부족한 때가 되었다. 이러한 때에 집에서 5분 거리에 400㎡의 밭을 가꾸는 나는 얼마나 행복한 사람인가?

유실수들! 심지 않는데도 해마다 철 따라 꽃 피우고 풍성하게 열매를 맺는 고마운 과일나무들이 있다. 25년 이상 자라다 보니 크고 오래된 이 과일나무들이 주는 기쁨 또한 대단하다. 체리 나무, 사과나무, 배나무, 자두나무, 라즈베리 복분자, 산딸기, 구스베리와 각종 베리들, 50kg 정도 생산해내는 포도나무 두 그루·이들이 맛있는 과일을 선물해 주면 다 먹지 못해 나누는 기쁨도 크다.

만남의 장소! 극소수의 사람들만이 가꿀 수 있는 이 정원은 하나의 파라다이스인 것이 분명하다. 그래서 실행하게 된 것은 나와 관련된 여러 그룹별로 일 년에 한 번 정도 정원으로 초대해서 베푸는 것이다. 남편이 아직 직장 근무를 할 적엔 볼리볼, 배구 그룹 동료들이 왔었다. 퇴직 이후 남편의 건강이 나빠지면서부터는 힘이 들어 내려놓을 수밖에 없었다.

2022년에는 봄부터 가을까지 계속 우리 무지개 앙상블이 와서 노래를 불렀다. 다른 곳에서는 노래하는 것이 금지되어 있었다. 올 2023년에도 역시 식구들, 옛 동료들 그리고 무지개 친구들을 정원으로 초대하여 즐거운 시간을 나누고 있다.

'양간다리' 5일 장날

임용담 | 전 경기도안산교육지원청 교육장, 수필가

어린 시절 장에 가는 날은 가기 며칠 전부터 어떤 것들을 가지고 가서 팔아야 할까 생각하고 그 물건들을 챙기느라 바쁘게 움직인다. 다음 날이면 어머니는 아침 일찍 닭을 보자기에 싸서이고, 거기에 달걀 싼 꾸러미까지 머리에 인 모습이 옛날의 장에 가는 모습이었다. 어머니 머리 위에 머리만 내놓은 닭들은 자기들이 어디로 가는지 몰라 눈알을 뒤룩거린다.

시골에서는 돈이 없으니 집에서 키운 닭, 짚으로 만든 달걀 꾸러미, 각종 곡식, 밭에서 나는 고추, 감자, 호박 등 돈이 될 만한 것을 수확하여, 머리에 이고 지고 가파른 고개를 넘어가면 편안한 신작로 길이 나온다.

신작로 길을 걸어 10여 리나 떨어진 면 소재지의 '양간다리'라는 장이 서는 곳이 나온다. 장이 서는 입구에 들어서자마자 장사꾼들이 머리에

이고 온 곡식이며 채소를 낚아채 간다. 어머니와 나는 물건을 가지고 가는 장사꾼의 뒤를 따라가 돈으로 환전한다. 그 돈으로 생활에 필요한 물건, 농기구, 자식들에게 입힐 옷, 고무신 등을 산다.

시골 장터의 모습은 늘 시끌벅적하다. 자기 가게 물건이 제일 싸다고 물건을 파는 아줌마 아저씨의 고함이 귀청을 울린다. 또 가게의 모습은 물건 값을 깎기 위한 실랑이 소리, 술 취한 주정뱅이들의 떠드는 소리가 왁자지껄하다. 그 와중에 한 귀퉁이에는 화투판이 펼쳐지고, 장기판엔 훈수꾼들이 둘러싸고 있다.

물건을 사는 모습도 장관이다. 주인과 어머니가 서로 실랑이 치는 것으로부터 시작된다. 어머니는 물건 값을 조금이라도 까기 위해 쥐었다 놓았다 한다. 그러면 주인은 몇 푼 깎아준다고 말을 한다. 계산하고 물건을 가지고 나오면 되는데 또다시 물건을 놓고 나오려고 한다.

주인은 다시 어머니의 손을 잡고 흥정을 한다. 결국, 처음에 불렀던 가격의 반 정도의 가격에 물건 값을 치르고 나온다. 어머니의 얼굴에는 반 가격으로 물건을 샀다는 승리의 미소가 피어오른다. 어머니를 생각하면 지금도 그 모습이 스쳐 간다.

장날은 물건이 거래되는 것뿐만 아니라 사람들 사이의 소식을 전해주고 연락망이 작동되는 통신의 역할을 하는 곳이기도 하다. 사람들은 이 연락망과 연결하기 위해 시골장이 서는 날이면 비록 사고팔 물건이 없다 하더라도 시골 장으로 모여들어 오랜만에 만난 이웃 동네 사람들과 인사를 나누고 멀리 떨어져 사는 친척들을 만나 소식을 전하고 듣곤 했다.

관혼상제의 소식은 물론 다른 지역에서 일어나고 있는 세상사는 소식과 특히 정부나 중앙정치에서 벌어지고 있는 정쟁과 암투에 대해 촌민들로서는 접하기 힘든 비밀스러운 정보 역시 여러 사람의 입을 통한 정보망을 매개로 전파됐다. 그 이야기가 사실인가 거짓인가도 모르면서 거기에 자기의 사적인 의견을 붙여 또 전파해 나간다.

장날에 가장 요란한 곳은 단연 주막집이다. 시골 장을 중심으로 지방에 산재하고 있던 대중적인 식당인 주막은 마당에 펼쳐놓은 평상자리나 마루에 걸터앉아 술을 마시는 곳이다. 술안주는 김치나 나물, 때로는 생선 거리 등이었고, 술을 다 마시면 술값은 마시던 자리에 놓고 간다. 사람들의 교류를 촉진하고 친선을 도모하는 데에 중요한 구심점 역할을 했지만, 시간이 지나갈수록 큰 소리가 나며 결국은 술에 취한 사람들의 싸움판이 되기 일쑤였다.

전통적으로 시장은 장꾼과 구경꾼을 위한 종합적인 예술의 장이었다. 조선 후기의 사회에서는 상거래가 이루어지는 장마당 한쪽에서 판소리, 씨름, 줄다리기, 윷놀이, 남사당패 놀이 등이 펼쳐지는 한편 각설이와 풍각쟁이는 장터를 휘젓고 다니며 시장의 분위기를 즐겁게 달구었다. 장에 나온 아이들은 온종일 뒤 따라다니며 시간 가는 줄을 모른다.

운수 좋게 어머니를 따라 장에 가는 날은 횡재를 잡은 날이다. 오일장에 매번 오는 것은 아니지만 한 달에 한 번 정도 장이 서는 곳 앞 넓은 터에 약장수가 자리하는 날에는 해가 기울 때까지 자리를 뜨지 못하고 구경을 한다.

속칭 '동동구루무' 그리고 구수한 입담에 차력사들의 아슬아슬한 차

력술과 가끔 항아리 위에 올라 가냘픈 소녀가 항아리도 굴리고 노래도 한다. 아직 채 구경이 끝나지 않았는데 어머니께서 가자고 할 때는 아쉬움에 눈물을 훔치며 발길을 돌리곤 했다.

그러면 어머니는 오는 길에 몰래 사놓았던 눈깔사탕으로 달래 준다. 그 맛은 지금도 세월의 추억 속에 잠길 때가 있다. 신발 한 켤레 고르다 보면 내 손을 잡고 물건 값 흥정하던 어머니가 생각나는 그곳이 장터이다.

오래된 오두막집의 국숫집에서 여러 명이 비집고 앉을 수 있는 나무판자로 된 그 긴 의자가 있었다. 의자에 같이 앉으면 누구나 다 식구나 친척 같았던 얼굴들, 수많은 사람의 출출한 배를 따뜻하게 채워 주었던 국수 삶는 솥단지에서 삶아져 나온 잔치국수 한 그릇과 막걸리 한 잔을 들이켜며 세상 사는 이야기에 푹 빠져든다. 소박한 밥상이지만 임금님 상다리가 부러지도록 차린 수라상이 부럽지 않다

뻥튀기 장사가 화통을 삶아 먹을 기세의 큰소리로 "귀 막으세요. 고막이 나갑니다." 하는 커다란 소리와 함께 '펑'하는 소리가 온 장터를 울린다. 강냉이를 튀겨내면 머리 위엔 이불처럼 큰 보따리 짐을 이고, 한 손엔 조각조각 남은 천으로 기워 만든 바구니를 들고 한발 한발 성큼성큼 아주머니들이 걸어간다.

나이가 어릴 때라 날짜에 대한 개념이 없다. 어머니께 장날이 언제인가 자주 물어본다. 사흘 밤만 자면 돼, 또 자고 나면 묻고, 또 물어봤다. 어머니 따라 장에 가고 싶어서였다.

하지만 꼬맹이가 따라가면 성가시니 옆집에 놀러 갔을 때 어머니는 혼자 몰래 장 보러 가신 날도 있다. 그러면 서운한 마음에 무서운 아버지

때문에 울지도 못하고 한나절 동안 시무룩하게 지내다 오매불망 어머니가 장보고 넘어오는 고갯길만 쳐다보았다.

멀리서 동네 장꾼들이 보이면 빛의 속도로 달려가서 나만 쏙 빼놓고 간 어머니가 원망스러워 있는 대로 티를 내며 제자리에서 발을 동동 굴러댔었다. 그러면 "아들 주려고 이거 사 왔지" 하고 알사탕을 내어놓는다. 그때의 알사탕 맛은 무엇과도 비교할 수 없는 정말 꿀맛이었다. 하루는 얼음과자〈얼음과자〉를 장에서 사서 보자기에 싸 왔는데 집에서 아무리 찾아봐도 없었다. 얼마나 먼 거리를 걸어왔는데 녹지 않고 그대로 있을 수 있었겠는가?

어른이 되어서도 장터는 나에게 정겨운 장소였다. 주로 시내에서만 근무하다 처음으로 경기도 포천에서 근무할 때다. 내가 자랐던 시골 장날과 같은 5일과 10일에 장이 선다. 그때의 일들이 생각이 나서일까 장날만 되면 꼭 퇴근길에 직원들과 장을 한 바퀴 돌면서 수다를 떨고 뜨끈한 곰국에 막걸리 한잔하면서 그때의 정감을 느끼곤 했다.

시골 장터는 치열한 상거래의 장소라기보다는 사람들이 옹기종기 모여 정을 나누는 동네 사랑방 같은 곳이었다는 생각이 든다. 하지만 이런 시골장도 상설 대형할인점에 밀려 설 곳을 잃어가고 있다고 하니 안타깝기 그지없다.

고향 예찬

임종주 | 예비역 육군 소령

　　고향은 사라져 버렸다고 얘기하는 사람들도 있다. 우리가 돌아가 지친 영혼과 육신을 잠시 누일, 그리하여 그 메마른 영혼과 육신에 새로운 힘을 불어넣어 줄 탄생과 생명의 원천으로서의 고향은 지금 이곳에는 존재하지 않는다고 얘기하는 사람들이 있다.

　　그럴지도 모른다. 지금 우리에겐 위안으로서의 고향도, 영원한 어머니로서의 고향도 이미 사라지고 없는지 모른다.

　　이 싸늘한 도시의 거리에는 고향을 잃어버린, 혹은 고향이 없는 회색빛 얼굴들이 쫓기듯 스치며 상담하고 거래하면서 하나의 거대한 타향을 건설해가고 있는지 모른다.

　　그러나 나는 때때로 이 메마른 일상에서 고향의 얼굴을 지닌 사람들을 만난다. 최근의 나의 삶이 형편없이 지쳐 빠져 있고 또 삭막할 대로 삭

막해져 있어서 그런지는 모르지만, 나는 그런 얼굴을 만날 때마다 한없는 생명감과 기쁨을 느낀다.

그 생명감이란 모두 인공적·도시적 병폐와는 무관한, 흙을 밟고 흙과 더불어 친화한 사람에게서 느낄 수 있는 원초적인 풋풋한 생명감이며, 그 기쁨이란 그런 건강한 삶이 주는 안온한 기쁨이다.

안온한 기쁨이라고 표현했지만, 우리의 나날의 삶이 그것으로 가득 채워지기를 우리는 얼마나 바라왔던가! 그러나 우리의 실제 삶은 우리의 그러한 기도와는 또 달리 얼마나 정반대의 편에 서 있는가!

유년 시절은 낮과 밤이 다른 생활 속에서 자랐다. 낮이면 6·25전쟁 끝자락에 지리산 반란군 잔존 토벌 작전으로 보냈다.

반란 잔 군들은 밤이면 토굴 속에 내려와 곡식과 축산물(소. 돼지, 닭)을 닥치는 대로 강제로 빼앗아 갔을 뿐만 아니라, 젊은 청년, 부녀자들을 마음대로 끌고 가기도 했다. 낮이 되면, 국군과 경찰들이 피해 상황을 조사하는 일이 반복되었으며, 하늘에선 B-29 비행기가 산을 폭격하고 전단을 날리며 토벌 작전을 계속하면서 반란군(人民軍)에 일체 동조하지 말 것을 홍보하였다.

어릴 때 어슴푸레 생각난 것은. 본격적으로 정규군이 활동하고 경찰들이 진입해 임시막사를 설치하고. 빨치산 인민군의 적극적으로 동조한 소위 앞잡이를 파악하여 피아골 산속에서 무참히 총살을 감행하는 그런 일들이었다. 그러다 보니 이후 학순 이양면의 개개인 제사가 한날 겹쳐 치른 것이 허다했다.

화순은 지금은 청정지역이지만 당시엔 강원도 태백과 함께 탄광지역이었으며 산속에 갱도를 설치하고 석탄을 채취하여 냇가는 늘 검은 혼탁한 물이 흘렸으며 주민이 2분화 되어 탄광 인부로 일하는 사람들은 그나마도 형편이 넉넉하였지만 그렇지 못한 주민은 매우 궁핍한 생활을 이어 갔다.

나의 어린 시절은 유복한 생활을 해왔다. 4남5여 가운데 3 男으로 태어나 현재는 본인과 큰누나 화순읍 거주만 생존해 있다. 부친은 한학자이면서 한의사로 전남 일원에서는 유명세를 똑똑히 한 분 이셨다.

나보다 나이가 많은 고향 생존자 중에서는 지금도 부친의 이름을 기억하고 부천 때문에 병을 고쳤다는 이야기를 허다히 듣곤 한다. 지금으로 말하면. 금수저 출신(?)이라고 할까?

집안일을 거들어준 많은 일군 즉, 머슴, 식모가 우산 각(밑으로 물이 흐름) 옆 문간방에서 일 년 새경을 받고 거주하면서 살았다. 황부자(黃富子), 노부자(盧富子), 임부자(林富子) 세 부잣집이 있어 유명세를 똑똑히 하고, 당시 나는 한약 봉 봉지 심부름 덕분에 초등학교 입학 전 천자문(千字文)을 읽히고 학교에 다녔다. 그 마을 - 에서는 남부럽지 않은 부러움을 사고 살았다.

서울에 사는 초등학교 동창인 김철용(80, 전 금성출판사 전무)은 같이 재경 화순 향우회 고문을 맡고 있으며 지금까지도 나의 자산이며 훌륭한 친구로서 우의를 돈독히 하는 변함없는 친교를 가진 몇 남지 않은 유일한 친구 중 하나다.

유명한 작가인 동년배 조정래도 이웃 동네(順天 出身) 太白山脈(태백산맥) 장편소설 속에, 그때 분위기가 잘 녹아있으며, 임氏 화수회 종친인 선배 격인 그 유명한 임권택(장성) 영화감독은 현재도 건강하며 생존 활동 중이다.

학순 출신, 특히 이양면 지역 출신으로 박정희 대통령 육사 동기생인 문형태 육군 대장(합참의장), 문두식 장군(전 보안사령관), 구흥남(전 국회의원) 아들 구삼열(정명화 남편)이가 있고, 현재 정치인으로 삼성전자 상무 양향자, 국회의원 안병욱(과거사 청산 위원장) 화순 올림픽 금메달 링크 보이 이용대 선수, 오지호, 강운태(전 광주시장), 국민배우 고현정은 능주 출신이다.

전국 광부들이 몰렸던 1966년 15만 2,000명으로 최고의 인구를 기록했던 그 이후 수도권 향우가 20만으로 추산하지만, 전국 각지로 흩어진 고향 출신은 현재 10만여 명으로 추정되며 지금은 6만여 명을 유지하고 있는 가운데 인구 유입을 위해 "만 원의 행복" 정책으로 주거아파트를 대량으로 젊은 청년에게 제공함으로써 그나마 인구수가 전국지방은 감소 추세에 있는 것에 비하면 화순만은 점점 늘어나고 있는 좋은 추세를 보인다.

화순(和順)이라는 지명은 잉리아현(仍利阿縣) 여미현(汝湄縣)이라 부르던 것이 고려 때 개정되면서 처음으로 역사에 등장한다. 지정학적으로 보면 소백산맥에서 뻗은 지맥들로 이루어져 산들이 많다.

군 전체 면적의 73.8%가 임야로 구성 무등산. 백아산. 모후산 등이 둘러싸여 호남에서 일찍이 탄광이 개발되어 채광 시절엔 전국에서 부촌을 이루었지만, 올해로 118년 역사를 가진 탄광을 폐광함으로써 탄광의 역사는 역사 속으로 사라지고 있다.

산세가 험한 만큼 깊이 감춰졌던 유적 유물도 풍부하다. 문헌에 의하면 통일신라 경문왕 8년(기원전 868년) 천불천탑(千佛千塔)으로 유명한 운주사의 철갑 선사탑(澈鑑 禪師塔 국보제 57호)을 보유하고 있는 쌍봉사 9층 석탑(보물

796호)과 세계 문학 유산으로 등재된 고인돌 유적지, 북면 서유리에서 발견된 공룡 발자국, 최근 개방된 이서면 적벽 화순의 경치가 절경이다.

그리고 방랑시인 김병연이 동복면 구암리를 영원한 안식처로 삼았고 조선조의 대가 조광조의 유배지로 짧은 생애를 마친 능수에 비각이 세워져 있어 수학자들이 관심이 지대하다.

이런 국사의 현장이 외부로 알려지기는 광주와 화순을 연결하는 너릿재 터널이 뚫리고 교통의 왕래가 쉬워지면서였다. 국내 최대의 백신제 회사인 녹십자 등이 들어서 백신 도심지구를 형성하였으며, 전남대 의과 대학으로 국내 최대의 암 전문 병원으로 성과를 낸 병원이 화순에 있는 등 화순은 날로 발전함에 따라 전국에서 주목을 받는 지역으로 성장하고 있다.

화순 인물들이 수도권에서 많은 활약을 하는 것은 산세가 좋고 터가 좋아 풍수지리적인 영향이 있다고 말한 학자도 있다.

돌이켜 본다. "살고 싶은 고장, 다시 찾는 화순 화순군"을 슬로건으로 해마다 "국화꽃 축제", "고인돌 축제", "적벽 축제" 등의 축제가 열리고 있는 유서 깊은 내 고향 화순을 예찬하며 살고 있기에 행복할 뿐이다.

내 생애 최고의 선물

임영희 | 전 서울두산초등학교 교장

어머니는 2007년 2월, 구정을 가족과 함께 지내기 위해 남편의 차로 서울로 올라오셨습니다. 나는 어머니가 명절에 우리 집에 오실 때마다 목포집으로 내려가는 것을 막았습니다. 같이 살아야만 어머니도 우리 집에도 서로 도움이 될 것으로 생각했습니다.

그러나 어머니는 "서울에 살면 일찍 죽는다더라." 하시고는 기어코 고향으로 가셨습니다. 그런데 이번에는 달랐습니다. 서울 집에서 2개월을 지내시고 4월경 목포에 되돌아가시려다 평택에서 어지러워 다시 귀경하셨습니다. 이유는 어머니가 갑자기 차 안에서 어지러웠기 때문입니다.

그 후 어머니는 예전의 어머니가 아니었습니다. 이상행동을 자주 하셨습니다. 내가 출근하고 집에 없는 사이에 어머니는 집안일을 돕고 싶으셨나 봅니다. 어머니가 설거지하려고 안티푸라민 로션을 행주에 묻혀 그릇을 닦으셨습니다. 퇴근하여 보니 온 집안에 안티푸라민 냄새가 진하게 났습니다.

　세탁하려다 럭스를 세탁기에 부어 모든 빨래가 망가지기도 했습니다. 쿠쿠 밥솥이 돌아가고 있는데 밥솥 문을 열어보셨습니다. 식사하려고 보니 쌀이 생으로 그대로 있는 일도 경험합니다. 어머니의 행동이 이상한 것은 그것만이 아니었습니다.

　건강하실 때 어머니의 쪽 머리는 참으로 고왔습니다. 두상이 잘 생기고 머리숱이 많고 검어서 쪽을 지어 옥비녀를 꽂으면 아름다웠습니다. 그런데 어느 날 아침에 일어나서 길고 흰머리를 풀어헤치고 나를 빤히 바라보고 계실 때 나는 처음 보는 어머니의 모습에 매우 놀랐습니다.

　전혀 생소한 사람을 보는 것 같았습니다. 어머니가 갑자기 무서웠습니다. 그래서 생각했습니다. 이제 어머니의 머리카락을 단정하게 커트해 드리자고. 그리고 미장원에 모시고 가서 어머니의 머리카락을 커트해 드렸습니다.

　학교에 출근하여 부장 회의 때 이런저런 어머니의 일을 얘기했더니 답이 나왔습니다. 경험 있는 분들이 치매라는 것입니다. 나는 아름다웠던 어머니의 변화에 너무도 놀라 패닉 상태에 빠졌습니다.

　목포 고향에 같이 살 때 어머니는 모든 집안일을 도맡아 하셨습니다. 며느리를 돕기 위해 선창에 나가 배에서 버리는 생선과 새우, 시래기도 주워 오셨습니다. 이런 재료로 어머니가 직접 담근 된장을 넣어 국을 끓이시면 먹어본 적이 없는 된장국이었습니다. 어머니가 담근 고추장과 간장 맛도 잊을 수 없습니다.

행여 며느리 손에 시장 봐온 음식 재료가 보일라치면 "내가 알아서 반찬은 준비할 테니 돈은 아껴라." 시던 어머니를 생각하면 눈물이 납니다. 우리 가족은 평소에도 어머니가 담근 김치를 먹었습니다. 저는 그 맛을 흉내 낼 수 없을 것 같았습니다. 겨울 김장도 다 손수 하셨습니다. 그런데 이제는 예전 어머니가 아닙니다.

남편과 어머니 건강 상태를 이야기하였습니다. 나는 아무래도 어머니가 치매 같다고 말했습니다. 남편은 바로 부정했습니다. 어떻게 우리 어머니가 치매란 말인가! 남편과 같은 생각이 들기도 했습니다.

그래서 어머니를 모시고 중앙대 신경과 기백석 교수님을 찾았습니다. MRI를 찍어봐야 안다는 것입니다. 두 번 MRI를 찍는 시도는 실패였습니다. 어머니가 MRI를 찍는 곳에 들어갔다가 바로 뛰어내렸습니다. 몇 달 후 손과 말을 묶은 뒤 MRI를 찍었습니다.

그리고 진단이 치매 진단이 내려졌습니다. 뇌의 삼 분의 일이 채워지지 않은 상태였습니다. 고혈압도 발견되었습니다. 모두가 내 잘못인 것 같았습니다. 같이 살았더라면 치료도 해드리고 식사도 잘 챙겨드려서 이런 일이 발생하는 것을 막을 수 있었을 것입니다.

2000년도에 어머니를 목포에 두고 서울로 우리 가족만 올라왔습니다. 그 일이 몹시 후회되었습니다. 그러나 이 모든 일은 되돌리기에는 늦었습니다. 혼자 계시는 8년 사이에 어머니의 병은 깊어진 것입니다.

그리고 어머니가 진단받은 2007년 10월에는 노인장기요양보험제도가 생기기 전이었습니다. 거의 1년을 집에서 요양해 드리는 방법밖에 없었습니다. 진단 후부터 바로 약을 타오기 시작하였습니다. 며느리인 나도 아픈 느낌이었습니다. 그런 시기에 어머니는 외동딸이 사는 고향 하의도에 가시고 싶다고 하셨습니다.

2008년 1월 15일 시누이께 연락드렸더니 외손자를 보내서 어머니를 모셔갔습니다. 하의도에서 시누이가 4개월을 돌봤습니다. 그러나 어머니는 4개월 만에 체중이 많이 빠지고 약 한 봉지도 드시지 않은 채 서울로 되돌아오셨습니다. 시누이가 늘 바다 일과 농사에 바빠 혼자 계실 때가 많았을 것입니다.

무인도를 가진 시누이는 바다에 나가 자연산 미역도 따고 다시마도 따야 했기 때문에 바빴을 것입니다. 밭에 고추도 심고 시금치도 심어서 겨울 농사를 짓느라 많이 바빴을 것입니다. 시누이의 형편을 이해합니다. 어머니 혼자는 식사와 약 먹는 것을 잊었을 것 같습니다.

따라서 어머니의 체중이 45kg에서 10kg 감소하여 35kg 이 되어 돌아오셨습니다. 시누이는 어머니가 치매가 아니라고 내게 말했습니다. 그래서 어머니께 식사와 약도 챙기지 않은 것 같습니다. 2008년 5월 17일 시누이댁에 가신 지 4개월 만에 하의도에서 서울로 다시 외손자가 모셔왔습니다. 시누이댁에 보내드린 것은 제 실수였습니다. 그 후 2개월을 집에서 남편이 어머니를 돌보게 되었습니다.

그때 동네 바로 집 옆 성산 교회에서 희망의 소식이 들렸습니다. 나는 2008년 7월 1일부터 노인장기요양보험제도가 시작된다는 것을 뉴스를 통해 알고 있었습니다. 그런데 동네에서 가장 먼저 그 소식이 들렸습니다.

그간 가정의 몫으로 남겨져 있던 치매, 중풍 등 노인에 대한 요양 문제가 이제 국가와 사회가 공동으로 사회연대원리에 의해 해결할 수 있게 된 것입니다. 너무나 감사했습니다! 바로 집 옆 성산 교회에서 장기 요양원을 허가받아 장기 요양 등급을 받은 분들을 돌봐 주신다는 것이었습니다.

마침내 당시 어머니는 3등급을 받아 2008년 8월 초에 입소하여 2009년 3월 9일까지 7개월 10일간 정말 잘 계셨습니다. 그런데 3월 10일 문제가 크게 발생했습니다. 어머니는 고관절이 골절되신 것입니다. 그 요양원은 지하에 있었습니다. 어머니가 아들이 오니 나가시겠다고 하셨다고 합니다.

지하에서 올라오는 일이 얼마나 힘드셨을까! 다 올라오셔서 다리가 힘이 없어졌는지 그대로 엉덩방아를 찧었다고 합니다. 고관절 골절은 83세이신 어머니에게 사망선고나 다름없는 큰일이었습니다. 그대로 누운 채 어머니는 병원으로 실려 가는 처지가 되었습니다. 고관절이 골절되지 않았다면 얼마나 좋았을까 정말 안타까웠습니다.

나는 동작경희병원에 전화하여 구급차를 불렀습니다. 안승준 원장님은 정말 수술을 잘하시는 분이며 수술은 성공적이었습니다. 수술 후 20일을 치료했습니다. 병원에서 처음 간병인이 어머니를 며칠 돌봤습니다. 그때 마침 남편이 연락했는지 시누이가 올라왔습니다. 어머니가 병원 계실 때 도와준 시누이가 고맙습니다.

동작경희병원에서 2009년 3월 31일 퇴원하여 찾아간 요양원은 금천구 시흥동 실버캐슬요양원이었습니다. 병원에 계실 때 잘 돌봐 주는 평이 좋은 곳을 여기저기 찾아보았습니다. 그래서 결정된 곳은 금천구 시흥동에 있었던 실버캐슬요양원이었습니다.

어머니는 병원 구급차로 실버캐슬요양원으로 모셨습니다. 실버캐슬요양원은 시흥나들목 큰 도로변에 있었고 건물 1층에는 국민은행이 있었습니다. 며느리 곁에 살다가 며느리 곁에서 죽고 싶다던 소원이 이루어지는 일이 생겼습니다.

요양원 입소 3년 6개월이 되는 2012년 9월에 제가 두 번째 교장 임지로 금천구 독산동 서울 두산초등학교에 발령받았습니다. 어머니의 소원을 하늘에서 들어주셨습니다.

저는 1년 3개월간 날마다 시간이 나면 어머니가 계신 실버캐슬요양원에 갈 수 있었습니다. 내 차로 5분 거리입니다. 서울 두산초등학교는 참으로 제게 모든 수고의 마지막에 받는 최고의 감동을 안겨준 학교입니다. 어머니를 날마다 돌볼 수 있다는 것, 참 감사했습니다.

어머니는 실버캐슬요양원에서 밝고 노래 잘하며 예쁜 할머니로 소문났습니다. 어머니는 늘 웃고 박자에 맞추어 노래하셨습니다. 평소에는 이런 모습을 볼 수 없었습니다. 그런데 요양원에 들어가시면서 밝고 경쾌한 분으로 바뀌셨습니다. 어머니는 아버지의 DNA를 받으신 것 같습니다. 어머니께 들었던 아버지에 대한 말씀이 생각납니다.

어머니의 친정은 신안군 하의면 대리입니다. 아버님의 존함은 김운식입니다. 어머니의 아버지는 음악적 재능이 뛰어나셨습니다. 그중에서도 판소리 실력이 뛰어나셨고, 춤도 능하셨다고 합니다.

아버지가 소리를 좋아하셨기에 당시 하의도에서는 유일하게 어머니 댁에 축음기가 있었다고 합니다. 처음 유성기가 들어왔을 때는 동네 사람들이 찾아와 "어떻게 사람이 저렇게 작은 통 안에 들어가 노래를 할 수 있냐"며 놀라워했다고 합니다. 섬마을에 유성기가 들어왔다는 것, 그 속에서 소리가 튀어나왔다는 것은 당시로는 사건이었다고 합니다.

내가 매주 요양원을 방문할 때마다 어머니와 같이 찬양했습니다. '하나님이 세상을', '구원 열차' 등 어린이 찬양과 우리 민요 '노들강변'을 박자 치며 힘차게 잘 부르셨습니다. 어머니는 조용한 요양원의 활력소였습니다.

밝고 쾌활하신 어머니는 힘든 요양사님들에게 위로가 되었습니다. 사랑도 듬뿍 받았습니다. 내가 요양원에 갈 때마다 요양사님들이 어머니는 정말 멋진 분이라고 어머니의 달란트를 전해줍니다. 평소에도 어머니는 칭찬과 유머를 잘하시는 분이셨습니다.

어머니는 평생 일하는 며느리를 위해 네 명의 손자 손녀들을 기르셨습니다. 일터에서 돌아오는 며느리를 기다리며 사는 것을 낙으로 생각하셨습니다. 우리가 살던 집은 목포과학 대학 정문 앞 언덕길을 한참 올라가야 합니다. 어머니는 며느리가 퇴근해 오는 시간에 대문 앞에 나와 학교 화단 가 바위 위에 앉아 며느리를 기다립니다.

항상 귀가 시간이 일정했던 며느리가 조금만 늦어져도 "너 어디 들렸구나. 배고프겠구나~^^" 시계도 없이 잘도 아신다 싶어 "어떻게 아셨어요?" 여쭈면 "네가 오는 시간만 기다리다 늦어지면 나와 본다." 며느리가 출근하고 퇴근하는 재미에 사신다던 어머니가 오늘따라 그립고 뵙고 싶습니다. 하늘을 바라보며 불러봅니다. "어머니, 사랑합니다! 그립습니다!"

어머니가 제게 베풀어주신 은혜는 그 무엇으로도 갚을 길이 없습니다. 나는 성경 룻기에서 소망이 없던 이방인 며느리 노릇이 시어머니 나오미를 선택함으로 예수님의 족보에 오르는 엄청난 축복을 받게 된 일을 묵상하곤 합니다. 저 또한 어머니로 말미암아 모든 축복을 받았다고 생각하며 살아갑니다. 나의 모든 복은 어머니로 말미암은 것입니다.

"며느리와 같이 살다가 며느리 곁에서 죽고 싶다"시던 어머니는 마지막 임종의 소원도 이루셨습니다. 실 버캐를 요양원에서 4년 8개월 13일을 돌봤습니다. 그 요양원에서 연락이 왔습니다. "어머니가 이상하시니, 빨리 오세요!" 전화를 받고 요양원으로 갔습니다.

마침 어머니는 긴 숨을 쉬고 계셨습니다. 남편께 전화했지만 받지 않았습니다. 오직 며느리 혼자서 소천하시는 어머니를 옆에서 지켜볼 수밖에 없었습니다. 어머니는 아무리 불러도 대답이 없었습니다. 긴 숨을 상당히 긴 시간을 쉬시고 난 후 눈을 감으셨습니다. 2013년 12월 14일! 영혼 떠난 어머니 얼굴은 평화가 감돌았습니다. 어머니, 사랑합니다! 감사합니다! 천국에서 만나요!

우리 모두의 아버지

임선자 | 전업주부

　　어머니는 기회가 있을 때마다 자식들에게 말씀하셨다.

　"아버지는 참 남다른 분이시다." 과연 우리 아버지가 남다른 분이었는지 새삼스레 돌이켜보게 되었다. … 그랬다.

　어릴 적에 내가 또렷이 기억하고 있는 몇 가지 아버지 모습은 지금 생각해 봐도 역시 특별했다.

　"어이, 자네 어디 가는가?" 6.25 직후 보릿고개가 찾아왔다. 전쟁의 상처가 채 아물기도 전에 사람들은 굶주림에 허덕여야 했다. 이때 아버지는 탁주와 청주를 만들면서 생기는 술 아랭이를 사람들에게 거저 나눠 주셨다. 오히려 그들이 좀 더 깨끗한 술 아랭이를 가져가도록 배출구 바닥을 시멘트로 잘 발라 청결하게 만들었다.

어느 날, 아버지와 나는 술 아랭이를 받아가려고 줄을 선 사람들 앞을 지나치고 있었다. 그런데 마침 펄펄 끓는 시커먼 술 아랭이를 물지게에 가득 담아가던 아주머니와 부딪치고 말았다. 그만, 아버지 발등으로 뜨거운 술 아이가 쏟아지고 말았다. 너무나 당황한 아주머니가 무어라 말하기도 전에 손을 가로저으며 아버지는 말씀하셨다.

"음, 괜찮습니다. 괜찮아요." 집을 향해 절뚝이며 걷는 아버지의 얼굴엔 식은땀이 흘러내렸다. 에서 고통을 참는 모습이 완연했다. 마루에 앉아 양말을 벗어 보니 아버지의 발등은 화상으로 벌겋게 부어올라 있었다. 아버지는 어머니에게 소주를 가져오도록 하여 대야에 담아 발을 담그셨다. 물론 그 후로 상당 기간 아버지는 화상 때문에 고생하셨던 것으로 기억된다.

어린 눈에 비친 아버지의 인상적인 모습이 또 하나 있다. 거지와 무척이나 허물없이 가까웠다. 길거리에서 아버지를 만나면 거지들은 죽 큰절을 올렸다. 아버지도 반갑게 인사했다.

"어이, 자네 어디 가는가?" 그리고는 더럽기 짝이 없는 거지의 손에 돈을 쥐어 주셨다. 그렇지만 야단치시는 것도 잊지 않으셨다.

"젊은 사람이 욕심을 가지고 일을 해 벌어먹고 살아야 안 컨나!" 아버지가 지인의 잔칫집에 갔을 때. 마당에서 거지들이 막무가내로 소란을 피웠다. 순경을 불러와도 소용없는 일이었다. 그 집 안방에 있던 아버지가 나와 그들을 불러모았다. "어이, 자네들 그러면 쓰는가?" 점잖게 한마디 하였다. 그러자 단번에 "예!" 하고 싹 물러났다.

목포거지들은 아버지에 대한 무한한 존경심을 갖고 있었던 것 같다.

거지대장이 아버지 곁에 다가와서 귀엣말을 했던 내용을 똑똑히 기억하고 있다.

"어르신 우리가 지켜요. 걱정하지 말고 주무시소." 정말 그들 덕분인지 목포역 주변에 도둑들이 들끓는 시절이었지만 회사나 우리 집에는 도둑 한번 들지 않았다.

할머님의 부음 소식을 듣고 거지대장이 조의금 들고 조문을 왔을 정도였다. 할머님께서도 그네들에게 인간적으로 잘 대하셨다. 어머니 역시 그네들에게 대충 밥만 주지 않고 반드시 제대로 된 밥상을 차려 주셨다. 우리 여섯 남매는 이런 집안 풍경을 자연스럽게 받아들였다.

아버지 자랑스런 우리 아버지 그분은 우리 육 남매의 아버지이기 전에 보해 임광행 회장님이셨고 목포지역의 큰어르신이셨다. 다정다감한 아버지의 다독임보다는 강하고 냉철한 가르침을 받으면서 자랐다. 때문에 우리 형제들은 따뜻한 아버지의 정을 그리워한 적도 있었다.

얼마 전. 먼지가 얹은 앨범을 꺼내 들춰보았다. 아버지 추모 문집에 실을 사진을 찾아보려고 한 장 한 장을 넘기다 보니 뜻밖의 사실을 알게 되었다. 아버지와 어머니 그리고 여섯 남매가 함께 찍은 사진이 한 장도 없는 것이었다.

사실, 가족 모두가 함께 나들이를 가본 적이 없으니 당연한 일이었다. 허탈한 마음을 달래려 목포에 계신 어머니에게 전화를 걸었다. 때늦은 투정에 어머니는 "아버지는 너무 바쁘셨단다. 너도 잘 알잖니"라고 하셨다.

그러면서 이야기 보따리 하나를 풀어놓으셨다. 이 이야기는 우리 자식들도 잘 몰랐던 이야기다. 목포 연동 부근의 마을은 비가 조금 많이 왔다 싶으면 바로 물에 잠기는 지역이었다. 걸핏하면 수마(水磨)가 들이닥치니 자연히 가난한 사람들이 모여 살 수밖에. 그런데 아버지는 비가 많이 오면 수행 비서를 앞세우고 연동마을에 찾아가셨다고 한다.

누구네 집에 물이 차피 해운 입었는지 확인하셨다. 회사에 돌아와서는 그들에게 쌀과 연탄을 보내셨다고 한다. "표안나게 선행을 베푸시는 아버지는 그렇게 남다른 분이셨다." 우리 육 남매가 아버지를 독차지하기엔 너무 할 일이 많은 분이었다. 아버지는 우리들 말고도 돌봐주어야 할 사람들이 무척 많았던 것이다.

이 모든 것보다 아버지의 특이한 면은 자식들이 무서워할 만큼 급하고 관광하셨지만 신의가 각별해 어떤 약속이든 무슨 일이 있더라도 약속은 확실히 꼭 지키셨으며 (이 점은 자식들에게 늘 강조하셨음), 한번 신세를 지면 일생 동안 잊지 않고 감사를 표하며 사셨다는 것이다.

또한 깊고 과묵한 성품이어서 자신이 부딪히는 사회적 또는 인간관계에서 오는 숱한 고뇌들을 조용히 안으로 삭이시고 하지 말아야 된다고 생각하신 말씀들은 끝까지 입을 닫으시는 강직함이 빛나는 어른이셨다. 이런 성품이 오히려 아버지의 참모습이며, 이 때문에 나는 아버지를 남성적 매력까지 지닌 분이었다고 생각한다.

항상 아버지는 우리 육 남매에게 무엇인가를 요구하실 말씀이 있을 때 먼저 이렇게 운을 떼셨다. "너희들은 어떻게 생각할지 몰라도 …" 철든 뒤에 생각해 보면 아버지가 그렇게 말문을 연 까닭을 알 듯싶다.

항상 자식과 아내, 가정에 소홀함이 많은 가장으로서 미안함이 우선 앞섰던 것이다. 그리고 가정과 가문, 회사와 지역사회 이 모든 것을 당신 스스로 일으켰다. '동분서주하며 얼마나 외롭고 힘드셨을까'하는 생각에 갑자기 가슴이 뭉클해진다.

'아버지, 이제 인생의 여정을 훌륭히 마치셨으니 편히 쉬소서. 아버지. 우리 육 남매뿐 아니라 우리 모두의 아버지이셨습니다. 우리는 아버지가 자랑스럽습니다.'

임길택 선생을 추억하다

임왕택 | 나주임씨중앙화수회 감사

　　　　　　임길택(林吉澤)선생은 1952년 3월에 전라남도 무안군 삼향면 맥포리 송산 마을에서 나주임씨 장수공파 후정공계이신 임종길님의 다섯째 아들로 태어났다.

　임길택 선생은 삼향면 지역 관내인 삼향동국민학교를 졸업하고 호남 남서 지역의 명문 목포중학교로 진학하였는데, 등하교 방법은 일로역과 동목포역을 오가는 열차를 이용하는 기차 통학생이었다.

　이후 목포고등학교와 목포교육대학교, 방송통신대 영문학과 까지를 다니시는 8년 동안을 내내 온통 기차만을 이용하는 등하교의 일상이었으니 그 열차는 선생의 평생을 두고 잊을래야 잊을 수 없는 이상향으로의 이동 수단이었음이 분명해 보인다.

　매일 그 열차에서 타고 내리는 여러 중고등 남녀 학생들, 출퇴근하는 회사원분들, 목포항 선창에서 임거리 장만하여 농촌지역으로 팔러 가시는 아낙분들, 직접 기른 푸성귀를 목포로 팔러가는 농촌 아녀자분들 …. 그 분들이 선생의 사춘기와 청년시절 초반의 감성들을 일깨워 주면서 일생에서 가장 많은 부분의 문학적 감수성을 충전해 주셨으리라 나름 생각해본다.

임길택 선생은 1974년 목포 교육대학을 졸업한 뒤, 1976년 강원도 정선군 임계면 도전초등학교 분교장에서 교직 생활을 시작했습니다. 그 뒤 14년 동안 강원도 탄광 마을과 산골 마을 학교에서, 1990년부터는 경상남도 거창에서 아이들을 가르쳤습니다. 이 시절 아이들의 글을 모아 학급 문집 『나도 광부가 되겠지』, 『물또래』 등을 펴내기도 했다.

임길택 선생은 오랫동안 아이들과 함께 하면서 소박하고 순수한 아이들의 모습을 꾸밈없는 진솔한 글로 담아냈다.

작품집으로는 시집 『탄광 마을 아이들』, 『할아버지 요강』, 『똥 누고 가는 새』, 『산골 아이』, 『나 혼자 자라겠어요』, 동화집 『느릅골 아이들』, 『산골 마을 아이들』, 『수경이』, 장편 동화 『탄광 마을에 뜨는 달』, 산문집 『나는 우는 것들을 사랑합니다』 등이 있는데

그 중 대표작인 『똥 누고 가는 새』 한 편을 옮겨본다.

"물들어가는 앞산바라기 하며
마루에 앉아 있노라니
날아가던 새 한 마리
마당에 똥을 싸며 지나갔다

무슨 그리 급한 일이 있나
처음엔 웃고 말았는데
허허 웃고만 말았는데

여기저기 구르는 돌들 주워 쌓아
울타리 된 곳을
이제껏 당신 마당이라 여겼던만
오늘에야 다시 보니
산언덕 한 모퉁이에 지나지 않았다

떠나가는 곳 미처 물을 틈도 없이
지나가는 자리마저 지워버리고 가버린 새
금 그을 줄 모르고 사는
그 새

이 밖에도 임길택 선생이 가르친 탄광 마을, 산골 마을 어린이들의 시를 모은 『아버지 월급 콩알만 하네』, 『꼴찌도 상이 많아야 한다』 등 다수가 있다.

어떤 이는 농촌 아이들 삶과 탄광 마을 모습, 가난한 사람들이 살아가는 모습을 시로 동화로 수필로 고스란히 녹여 냈던 선생의 작품 세계를 나름 깊고 넓게 살펴보았다면서,

"아직도 우리 가슴에 살아있는 우리의 참 스승, 임길택 선생을 기리며 해마다 섣달 열하루가 되면 우리에게 아련한 그리움을 갖게 하는 분이 계신다. 햇볕의 동무, 들녘의 동무, 모든 생명들의 동무이고자 했던 임길

택 선생이 이 땅을 떠나, 진짜 그들의 동무되어 가신 날이기 때문이다.

이제, 그를 묻은 그 무덤엔 어느덧 잔디가 살아 움트고, 그 잔디들은 또다시 다음해를 기약하며 사그러 들다 햇볕 따스한 봄날 다시 피어나 겠지요. 임길택 선생은 교사이며 시인이셨다. 선생은 그저 세상 모든 것을 그 야윈 몸에 한가득 품다가 다시 한가득 안고 돌아가셨다.

세상의 그 살뜰한 사람들을 뒤로 한 채, 죽음이라는 차가운 동무 맞아 기꺼이 가셨다. 마치, 우리 마음속에 숨어있는 모든 걱정, 욕심은 이렇게 버려야 한다고 일러 주듯이……" 라고 썼더군요.

임길택 선생께서는 호남선 철도의 일로역과 동목포역을 오가는 중·고등·대학교 8년 동안의 등하교 내내를 통학 열차에 의지하면서, 무안반도 남동지역이 가지는 특수 환경인 간척지 영화농장과 자방포 뜰의 아직 설익은 논농사 중심의 농촌문화와 영산강 하구가 이미 펼쳐놓은 기수대의 기설어로 및 서해안 남단의 목포항 풍광을 온몸으로 겪은 탓으로 강원도 탄광촌과 산골 마을 및 경상도 농촌 마을에서의 교사 생활이 전혀 색다르거나 어색하지 않으셨다.

인간미 넘치고 소박 간결하면서도 인간해방의 시대정신을 담담히 녹여 내는 유수한 문장의 수많은 유작 들을 남기셨으리라 믿으면서, 무안군 관내 비슷한 지역에 향리의 추억을 함께 가진 일문(一門)의 수하(手下)로서 자랑스러움과 안타까움을 함께 얹어 감회에 젖어본다.

임길택 선생은 1997년 4월에 폐암 선고를 받고 요양하시다가, 12월 11일 마흔 여섯의 나이로 세상을 떠나셨다. (2023. 11. 03.) 향리 무안군 삼향읍 맥포리 송산 마을에는 조카 임현석씨가 살고 있다.

풀꾹새는 왜 우는가

임재근 | 전 합천부군수, 시인

　　　　　　내 유아기 밥알을 꼭꼭 씹어 나의 입에 밀어 넣어 주시며 잘 먹어야 쑥쑥 잘 큰 다 시며 무척 나를 사랑하셨던 할머니, 그 할머니의 산소가 있는 고향 함지 마을 도련 젖 산언저리에 대대로 경작해온 꽤 넓은 밭 두 때기가 있다.

　당시는 농가에서 농우(農友)를 기르고 마을에 노동력이 많아 바지게로 져서 거름을 날아 보리 밀 그리고 콩이며 깨 고추와 고구마 등의 작물이 너무도 잘돼서 우리 마을에서는 문전옥답으로 평판 높았던 기름진 밭이었다.

　그른데 지금에 와서는 경운기 진입이 안 되는 산비탈인 데다 산업화 바람에 마을 청년들이 도시로 다 떠나 노동력이 없다 보니 밭을 경작할 사람이 없어 1,000여 평이 더 되는 그 큰 밭이 쑥 잔디 쇠뜨기 아카시아 산딸기 돌밤나무 소나무 등이 저절로 자라 마치 산을 방불케 하고 있다.

간간이 할머니 산소에 성묘차 갈 때마다 황폐해진 그 묵정밭을 물끄러미 바라보노라면 대를 이어 물려주신 조상님께 죄스럽기 그지없고 마을 사람들 보기에도 무던히도 민망스러웠다. 하지만 수백리 밖 타향에 나와 직장에 매달려 살다 보니 어찌할 방도가 없어 그대로 내팽개쳐 둘 수밖에 없었다.

세월이 흐르고 흘러 직장을 퇴직하고 보니 이제는 시간이 남아돈다. 우리 부부는 고향으로 다시 돌아와 십여 리 떨어진 읍내에 자그마한 아파트 한 칸을 구해 거처하면서 지난 수십 년 방치하고 있었던 조상 이 물려준 소중한 유산을 힘이 들더라도 손수 관리해 보기로 마음먹었다.

그 첫 사업으로 올봄 내내 그 밭에다 대봉 오십여 그루를 심고 여백의 땅에 거의 매일 같이 잡초를 뽑아내 밭을 일구는 작업을 계속한다.

처음 일을 시작할 때는 밭이 너무 황폐해 있어 엄두조차 못 내겠더니 시작이 반이란 말처럼 일을 계속하다 보니 이제는 꽤 넓고 큰 땅을 일구어 가고 있다.

우리 내외가 난생처음으로 땀을 흘려 일군 이 값진 땅에다 콩도 심고 깨 고추 고구마 우엉도 심으면서 이것들이 잘 자라 수확을 하게 될 때 나누어 줄 두 아들과 시집간 두 딸 그리고 누님 두 분과 여동생 셋까지 온 가족들에게 나누어 줄 기쁨에 우리 부부는 서로 마주 보며 환하게 웃었다.

결혼한 지 삼십팔 년, 지금껏 내자와 이렇게 많은 시간을 함께한 적도 없거니와 이처럼 땀 흘리며 다정한 나날을 보낸 적은 일찍이 없었다.

노년에 접어들어 퇴직이 내게 준 선물로 알고 이것이 진정한 행복이 아닌가 여기면서 오늘도 우리 부부는 밭에 나가 땀을 뻘뻘 흘린다. 내가 부지런히 삽질과 괭이질을 해 땅을 파놓으면 내자는 잡초와 나무뿌리들을 분주히 주워낸다.

삽과 괭이로 땅을 팔 때 나무뿌리나 돌이라도 닿으면 무진 애를 먹는다. 특히 이리저리 얽혀 있는 칡이나 새뜨기 아카시아의 뿌리를 파내기는 여간 힘이 드는 것이 아니다. 손발이 흙투성이가 되고 물집이 생기고 가시에 찔리기도 하지만 피부에 와 닿는 흙의 감촉이 너무도 보드랍고 향기로워 좋다.

일을 하다 보면 조금만 더 해야지 하는 욕심이 생겨 작열하는 태양이 내려 쪼이는 6월의 한낮에도 쉬지 않고 중노동을 하기가 다반사인데 비 오듯 땀이 나고 온몸이 새까맣게 그을린다.

그르다 지쳐 나무 그늘에 앉아 땀을 식히면서 새참을 먹는 그 맛은 둘이 먹다 하나가 죽어도 모를 정도다. 또 퍼지고 앉자 산천경개를 바라보며 나름 풍수지리를 논하는 재미 또한 쏠쏠하다.

미풍 불어와 이마에 땀을 식히면 나뭇잎 사이로 들리는 산새들의 지저귐이 귀를 즐겁게 하고, 저 건너 숲속에서 울어대는 풀꾹새(뻐꾹새) 소리가 온산 골짝을 퍼져 흐른다. 풀꾹풀꾹 개개... 풀꾹풀꾹 개개... 자꾸만 울어대는 풀꾹새의 애끓는 절규가 산그늘이 내릴 무렵이면 이산 저산에서 너무도 구슬피 들린다. 하도 절통하고 애절한 한맺힌 울음이기에....

풀꾹새는 왜 저리도 슬피 울까 하고 허공을 향해 나 혼자 중얼중얼 그렸더니 내 옆에서 허리를 펴며 얼굴에 흐르는 땀을 수건으로 훔치던 내자가 내게 이렇게 일러 준다.

"옛날에 어머니를 일찍 여읜 소녀가 계모 밑에서 자랐는데, 그 계모는 이 소녀에게 밥을 주지 않고 무척 배를 골렸다고 한다. 그러는 나날이 계속되자 소녀는 마침내 피골이 상접해지더니 그만 영양실조에 걸려 쓰러지고 말았다.

그러던 어느 초겨울 날 방문에 한지를 바르고 남은 풀죽이 조금 담긴 바가지가 마침 소녀의 눈에 띄었다. 몹시 배가 고팠든 소녀는 그것이라도 먹어보려고 힘겹게 기어가 손에 막 잡는 순간 이를 본 계모가 잽싸게 달려들어 이를 빼앗아 그만 개(犬)에 부어주고 말았다.

그날 이후 계모의 꾸중과 매질은 더욱 심해져 이를 견디다 못한 소녀는 얼마 못 가 그만 불귀의 객이 되고 말았다. 이에 계모의 모진 학대로 원통하게 죽은 소녀의 혼(魂)이 풀꾹새로 환생하여 풀꾹풀꾹 개개... 풀꾹풀꾹 개개... 하고 저렇게도 슬피 운다 는 서글픈 말이었다.

어디 이런 일이 옛날에만 있었겠는가! 지성(知性)이 넘치는 문명사회인 지금도 자식을 학대하는 계모는 끊이질 않는 것 같다. 얼마 전 전처의 자식을 매질로 학대하고 그것도 모자라 그 어린애의 명의로 보험까지 들고는 그 아이를 아파트 계단에 밀어 끝내 숨지게 한 비정의 계모도 있었다. 그 계모는 전처의 자식을 사고사로 만들어 보험금을 타 내려 한 악독한 여인이 아니었던가.

또 얼마 전에는 자기 친부모를 살해하고는 증거를 인멸키 위해 시신을 토막 내 유기(遺棄)한 명문대학을 나왔다는 금수보다 더 못한 머리 좋은 지식인도 있었다. 요즘 고학력자들이 왜 이런지 모를 일이다.

그러고 보면 인성(人性)은 지식에 비례하는 것이 아닌 모양이다. 오히려 인성을 갖추지 못한 자가 지식을 갖게 되면 더 악랄(惡辣)한 수법으로 나쁜 짓을 많이 하는 것 아닌지?

한둘 낳아 잘 키운다는 가족제도가 자기 아들 귀한 줄만 알고 무엇이든 들어주면서 그저 공부만 잘하면 된다고 여기는 우리 부모들의 의식과 생활 태도에서 문제를 찾아야 할 것 아닌가 한다. 자라나는 어린이들이 인성과 지식을 고루 갖출 수 있는 교육 환경을 만들어 가야 한다.

우리의 가치관에서 점점 멀어져 가고 있는 충(忠) 효(孝) 인(仁)의 덕목인 윤리 도덕을 가정·학교 그리고 사회에서 보다 높은 관심을 갖고 다시 열심히 가르쳐야만 하겠다.

좋은 인성의 바탕 위에 지식이 차곡차곡 쌓여 갈 때 밝고 평온한 사회가 꽃필 수 있을 것이기 때문이다. 아니 지식(知識) 보다는 인성(人性)이 더 앞서야 한다. 그것은 인성은 주춧돌인데 지식은 기둥이고 상량(上梁)이고 서까래에 지나지 않다고 생각하기 때문이다. 주춧돌이 붕괴되면 제아무리 튼튼하게 지은 집도 무너지고 만다는 사실을 알아야 한다.

<주> 풀꾹새; 뻐꾹새의 방언

희망의 미래를 가슴에 담자

임양성 | 해드림 재활주간보호센터 이사장, 칼럼리스트

　　　　　　　중학생 시절 여름방학 무렵이었다. 마당가에 있는 수돗물에서 아침저녁으로 세수를 할 때마다 바라보았던 무등산으로 동네친구들과 함께 산행을 가기로 하였다. 처음으로 가는 무등산 산행이었지만 당시 교통편을 이용할 형편도 되지 못하였고 또 매일같이 바라보는 산이라서 큰 부담감 없이 정상 정복이라는 야무진 꿈을 가지고 이른 아침 출발하였다.

　시내를 가로질러 땀을 뻘뻘 흘리며 한나절을 걸어 무등산 초입이라고 할 수 있는 4수원지에 이르렀다. 그런데 문제가 생겼다. 무등산은 왼쪽에 위치해 있는데 도로는 오른쪽 산 밑으로 한참을 돌아서 가도록 길이 있었던 것이다.

　멀리 보이는 도로를 따라서 걸어가야 할지 아니면 무등산 방향으로

왼쪽 산길을 접어들어야 할지 논의를 하다가 젊음에 거리를 단축할 욕심으로 좌측 산길로 들어서서 직진하기로 하였다.

산길은 깊숙이 들어갈수록 가시덤불이 우거지더니 아예 길이 사라져 버리고 한걸음도 앞으로 나아갈 수 없는 우거진 숲속이었다. 몇 걸음도 못 들어가서 지칠 대로 지쳐버린 우리는 결국 산행을 포기하고 훗날을 기약하며 귀가할 수밖에 없었다.

이때의 기억은 내 마음속에 오래도록 각인되었다. 지름길 등산로는 직진하는 산길이 아니라 비록 먼 길처럼 보이지만 많은 사람들이 이용하는 길이라는 깨달음이었다. 즉 많은 사람들이 선택하여 오랫동안 왕래하면서 만들어진 길은 그 이유가 있는 법. 많은 사람들이 선택하여 만들어진 현재의 도로가 가장 안전하고 빠른 최선의 지름길이라는 결론이다.

우리 인생에서 행복으로 가는 최선의 지름길은 무엇일까? 많은 사람들이 다녀서 만들어진 길이 산행의 지름길이라면 우리가 찾는 행복의 길도 인류가 선택하여 오랫동안 살아왔던 방식이 바로 삶의 지름길이 아닐까 생각한다.

인류는 오랜 세월 동안 삶의 기초를 준비하는 청소년기를 지나 성인이 되면 결혼을 하고, 가정을 이루어 자녀들을 낳아 키우며 노후를 맞이하는 삶을 살아왔다. 이 삶의 방식이 대다수 인류가 살아온 방식이었다.

그 과정에서 후손들이 번성하였으며 숭조(崇祖)와 애족(愛族)을 실천하는 마음을 지니며 살아왔으니 행복이 그 가운데 있었던 것이다. 평범한 많은 사람들이 선택하여 살아왔던 이러한 삶의 방식이 바로 행복한 삶을 사는 지름길이 되었음을 생각해 본다. 근래 매우 염려스럽게 우리 사회에 만연하는 독버섯이 있다.

결혼을 기피하여 새 가정을 만들지 않고, 후손들 또한 날이 갈수록 감소하여 가고 있어서 숭조(崇祖)와 애족(愛族)을 실천하는 마음 또한 퇴색되어 가고 있는 현상이 염려스럽다. 문제는 이러한 현실이 거의 집집마다 있을 정도이니 부모세대들이 걱정하는 소리가 넘쳐난다.

비혼 자녀들이 놓고 쓰는 말이 혼자서 사는 생활이 편하고 행복하단다. 그동안 가정을 통해 만들어져 왔던 우리 행복한 삶이 그리 멀지 않은 시간에 독신주의자들에 의해 단절될 것 같다는 염려는 비단 기우에 불과할까.

바라건대 인류가 살아왔던 행복의 지름길 방식을 벗어났다가 오래지 않은 세월 뒤에 후회하는 모습이 되지 않기를 바랄 뿐이다. 지름길을 벗어난 무등산 산행은 훗날 다시 도전할 수 있었지만, 우리 인생은 재도전의 기회가 다시 주어지지 않기 때문이다.

다음 인생을 '어떻게 살아갈 것인가' 하는 삶의 방법을 생각해 본다. 내가 책임져야 할 내 인생을 어떻게 살아갈 것인가 하는 삶의 방법론은 늘 머릿속에서 맴돌던 화두였다. 인생 칠십 고래희(古來稀)를 눈앞에 둔 지금 내 삶을 살아가는 방법은 무엇이었는가.

평범하게 말해지지만 나무랄 데 없이 훌륭한 단어 '근면과 성실, 희망'이라는 세 단어를 말하고 싶다. 많은 사람들이 삶의 방법으로 회자하였고, 나 또한 내 삶의 방법으로 선택하여 부족함이 없었다고 생각하였으니 이 세 단어가 내 삶을 살아왔던 방법으로 내세우고 싶다.

산행에서 지름길을 선택한 뒤에 쉬지 않는 발걸음과 정상(頂上)에 오르리라는 희망이 필요한 것과 같지 않겠는가? 무애(无涯) 양주동 박사도 말하였다. 성인(聖人)들께서 하셨던 말씀들 가운데 내가 생각하고 말하고 싶었던 내용들과 똑같은 말씀들이 있었음을 보았다고.

근면과 성실, 그리고 희망이라는 단어도 너무도 많은 선현들께서 인생을 살아갈 좌우명으로 말씀하셨던 것이지만 나 또한 충분하게 공감하는 삶의 등댓불이 되는 단어이었다.

성실(誠實)은 자신의 삶에 최선을 다하여 열심히 살아가는 태도이자 사람의 자질 즉 됨됨이를 갖추었다는 의미이다. 성실한 사람은 매사에 진실하며 최선을 다하는 자세를 갖추고 있어서 사람들로부터 신뢰를 받는다.

이는 삶의 기본 덕목으로 성실하지 못한 사람은 주위에서 인정받지 못하고 성공적인 삶이라는 결실도 맺을 수 없다. 따라서 최선을 다하는 성실한 삶의 자세는 성공적인 삶을 사는데 반드시 필요한 필수조건이 된다.

기본 자질을 갖춘 인간성이 얼마나 중요한가에 대해서는 공자께서도 말씀하셨다. 제자 재여(宰予)에게 "썩은 나무로는 조각을 할 수 없고(朽木不可彫), 썩은 흙으로 쌓은 담장에는 흙손질을 할 수 없다.(糞土之墻不可圬)"고 하셨다. 기본 자질을 갖추지 못한 사람은 마치 썩은 나무나 흙처럼 중요한 용처(用處)에 사용될 수 없다고 비유법을 써서 말씀하셨던 것 이다.

조상으로부터 많은 유산을 물려받았고, 뛰어난 학력을 가진 사람이라 하더라도 성실함을 갖추지 못한 사람이라면 그가 물려받은 소유물들을 탕진하는 데 그리 많은 시간이 필요하지 않다. 반면 성실한 삶을 살아가는 사람은 비록 힘든 생활에서 시작하였다 하더라도 세월이 흐르면서 만족스런 결실을 거두게 되는 것이 상식이다.

성실한 사람은 하늘의 무지개를 좇는 듯한 허황된 목표는 세우지 않는다. 천리길도 한걸음부터라는 말을 신조로 삼으며, 작은 것도 결코 소홀히 여기지 않는 성품을 갖는다. 아무리 뜻을 높고 크게 가진 사람이라 할지라도 천 리를 한걸음에 내닫는 발걸음은 애초에 존재하지 않으며, 아무리 급한 성격으로 답답하더라도 한 걸음 한 걸음씩 나아가야 천 리에 도달한다.

성실하지 않은 사람이 쌓은 탑은 높이 오를 수 없으며 공든 탑이 될 수 없다. 근면(勤勉)은 문자 그대로 부지런함을 말하는데, 성공한 사람들의 공통점으로 근면하지 않은 사람은 없다. 보통 성실과 근면은 두 단어가 합해져서 사용되는데 근면한 사람이 성실하지 않을 수 없고, 성실한 사람이 또한 부지런히 일하는 근면함이 필수적이다. 그래서 '근면 성실'이라는 말로 함께 사용된다.

무엇보다 게으른 사람은 기회를 얻지 못하며 설사 기회가 눈앞에 왔다 하더라도 이용하지도 못한 채 지나가 버린다. 게으른 사람은 손은 놔두고 생각과 눈으로만 일을 한다.

손은 묶어놓고 눈으로만 일을 하니 일이 진척될 리 있겠는가?

옛 속담에 '눈은 게으르고 손은 부지런하게 하라.'는 말이 있는데 보기에 엄청나게 많은 듯싶었던 일도 막상 착수하여 처리하다 보면 끝이 나게 마련이다는 뜻이다. 성공은 부지런한 사람에게 돌아가는 과일이지 게으른 사람에게 돌아갈 여유는 결코 존재하지 않는다.

부지런한 사람은 일이 닥치기 전에 미리서 준비를 한다. 때문에 부지런한 사람은 기회가 왔을 때 놓치지 않는다. 반면 게으른 사람은 일이 닥쳐서야 준비하기 때문에 막상 기회가 왔을 때는 이를 살리지 못한다.

기회를 맞이했을 때 자신에게 기회를 맞이할 준비가 되어 있느냐 여부가 곧 성패를 가른다. 시험 날짜가 닥쳐서 시험공부를 시작하는 학생은 결코 좋은 성적을 거둘 수 없다.

학습량이 생각보다 많아서 시간에 빠듯이 쫓기거나 아니면 몸 컨디션이 갑자기 받쳐주지 않아 힘이 들거나, 불가피하게 공부를 하지 못하게 하는 의외의 사단들이 꼭 발생하여 시험을 그르치게 되는 법이다.

반면 평상시에 학습 준비를 잘하고 있었던 학생에게는 바쁠 이유가 없으며 서두르는 법이 없이 준비된 상태로 시험을 잘 치른다. 사람이 살아가는 기본 이치는 모두 같다. 평상시 저축을 하지 않아 자본력을 갖추지 못한 사람에게 좋은 투자거리가 생긴들 무슨 의미가 있겠는가.

평소에 기술 습득이나 전문지식을 갖추지 못한 사람에게 기업들의 수많은 구인광고가 무슨 의미가 있겠으며 통장에 두둑이 잔고를 가지고 있는 사람이 아니라면 좋은 투자처는 무슨 의미가 있겠는가. 자본을 준비한 만큼 투자의 기회는 많아질 것이며, 전문기술의 습득 여부가 기업에서 필요한 인재가 될 것이니 준비라는 과정이 성패를 가르는데 얼마나 중요한 것인지 모르겠다.

발명왕 에디슨이 발명은 99%의 노력과 1%의 영감으로 이루어진다고 했던 말도 근면함과 상통하는 말이다. 공부든 일이든 노력을 한다는 것은 바로 부지런함을 일컫는다. 공부든 일이든 시간이 부족한데 언제 게

으름을 피울 여유가 있겠는가? 열심히 도는 물레방아는 얼 새가 없다고 하였다. 쉼 없이 돌아가는 물레방아는 강추위 속에서도 얼지 않는다.는 속담인 것이다.

우리에게 주어진 삶의 시간은 너무도 짧고, 또 허망하게 흘러가 버린다. 10년 세월은 분명 긴 시간이다. 그러나 지나가 버린 10년을 돌이켜 볼 때 무엇을 하였는지조차 딱히 기억에 남은 일이 없이 흘러간 덧없는 세월이다.

덧없는 10년 세월을 불과 서너 번 지나고 나면 은퇴할 나이가 되고 한 평생이 의미 없이 가버린다. 사람들은 빠른 세월과 인생의 짧음만을 한탄한다. 오죽하였으면 95세까지 살았고 노벨 문학상까지 수상하였던 극작가 버나드 쇼는 임종을 앞두고 이렇게 묘비명으로 새겨 넣으라고 했다 하지 않는가. "우물쭈물하다가 이렇게 끝날 줄 알았다."고. 일할 시기에 열심히 일한 개미와 빈둥대면서 일할 시기를 놓쳐 버리고 겨울을 맞이한 베짱이 이야기. 사람에게는 언제든 어려운 위기의 시간이 있게 마련이다.

위기에 대비하지 않은 상태에서 어려움을 맞이한 사람이 바로 동화에서 말하는 베짱이와 같은 사람일 것이다. 공부도 사업도 모두 열심히 준비해야 할 시기가 있다. 게을러 준비할 시기를 놓치고 난 뒤 어려움이 닥칠 때 크게 후회하게 된다는 교훈이 아닌가. 동양의 스승 주자(朱子)께서 생활 속의 사례들을 모아 10가지로 간추려 '주자 십후회(朱子十後悔)'라는 가르침을 남겼다.

어렸을 때 공부하지 않은 것, 여유가 있을 때 절약하지 않은 것, 그리고 봄에 씨 뿌리지 않은 것, 부모님 계실 때 효도하지 않은 것 등등의 내용이다. 모두 준비해야 할 시기를 게을러 놓치면 후일에 반드시 후회한다는 경구(警句)들이다. 이 준비해야 할 시기에 최선을 다해 열심히 일하는 자세가 바로 근면이라고 정의내리고 싶다.

성실과 근면이 사람 됨됨이의 기본 자질을 말한다면 희망은 됨됨이를 갖춘 사람이 성공이라는 목적지에 도달하게 하는 동기 부여라고 하겠다. 희망은 아무리 힘들고 어려운 난관이 닥친다 해도 이를 견디어 낼 수 있게 하는 힘의 원천이 된다. 아무리 근면과 성실한 삶을 사는 사람일지라도 희망을 갖지 못한 삶이라면 성공의 도달이 빛바랜 목표가 되고 어려움에 부딪혔을 때 쉽게 포기해 버린다.

남아프리카 공화국의 인권운동가이며 대통령을 지낸 넬슨 만델라는 1964년 44세에 감옥살이를 시작하여 1990년 71세에 이르는 무려 27년 동안 인간으로서는 감내하기 어려운 혹독한 감옥살이를 하였다.

감옥에서 풀려난 후에 그는 최초로 흑인 대통령에 당선되었고, 남아공에서 흑백 분리 정책(아파르트헤이트)을 철폐하였으며, 1993년에는 노벨 평화상을 수상하였다. 27년간이나 감옥에 있었던 동안 가족들은 모두 흩어져 버렸다.

보통의 사람들은 절망하여 죽었거나 정신이상자가 되었을 것이나 그는 그 긴 세월을 굳굳하게 잘 버티었다. 어느 날 큰딸이 결혼을 해서 아기를 데리고 아버지에게 면회를 왔다.

큰딸이 "아버지, 아기의 이름을 지어주세요." 이렇게 말하자 만델라는 땟국물이 찌든 종이쪽지를 하나 건네주었다. 그 종이에는 그 유명한

"Azwie"(아즈위: 희망)라고 하는 단어가 쓰여 있었다고 한다.

그가 세상을 떠났을 때 세계의 언론들은 그를 가리켜 '인간의 품격을 한 단계 올려놓은 사람'이라고 존경을 드렸다. 만델라는 회고록에서 그렇게 오랜 고난을 견디어 낼 수 있었던 힘이 "위대한 변화가 반드시 일어나리라는 희망(Azwie 아즈위)을 한순간도 포기한 적이 없었기 때문이었다."고 말하였다. 희망이 위대한 인간 승리의 만델라를 만들었던 것이다.

요즈음 우리 언론에 유행하는 단어가 있다. 젊은 청년들이 이 땅에서 자조적(自嘲的)으로 절망하며 살고 있다는 의미에서 사용하고 있는 '헬조선'이라는 단어이다. 여기에 카푸어(carpoor), 영끌(영혼까지 끌어모은다), 빚투(빚내서 투자한다), 벼락거지(부동산과 주식 가격이 급격히 오르면서 상대적으로 빈곤해진 사람) 등 신조어가 우후죽순격으로 등장하고 있다. 모두 헬조선에서 살고 있는 사람들의 또 다른 모습들이다.

뉴스에서 20·30대 젊은 세대가 자신의 소득을 훨씬 뛰어넘는 수준의 수입차를 구입 해 타고 다닌다는 '카푸어'가 유행처럼 번지고 있다고 보도되었다. 원룸에 사는 한 택배 기사가 월 3백만 원 정도 수입을 갖는데 2억 대 포르쉐 차량을 구입한 후 거의 모든 수입을 할부금으로 지출하며 식사비조차 아끼려고 라면 등으로 때우며 살고 있다는 이야기이다.

요즘 신세대들은 자신이 만족한다면 어떤 것이라도 희생하면서 만족을 얻고자 하는 가치관을 가지고 살고 있기 때문에 기성세대들은 이해하기가 어렵다고 제법 세대 간 가치관의 차이까지 끌어들여 설명하고 있었다.

비싼 차, 명품 가방, 해외여행 등 과잉소비의 행태에 대한 원인이 빈부의 갈등에서 비롯된 것으로 우리 사회의 구조적인 불평등 탓의 결과 자신은 부유한 계층에 도달하기 어려우니 차라리 도전을 포기하고 순간을 즐기자는 삶의 태도가 반영된 소비행태라는 것이다.

더 나아가 결혼과 출산조차도 포기한 채 자신이 좋아하는 취미생활이나 소유하고 싶은 것들에 올인하여 소비하는 형태가 요즘 우리 젊은이들의 심리 현상이라는 이야기이다. 이 현상이 우리 젊은 세대들이 갖는 보편적 가치관이라면 무언가 크게 잘못되었구나하는 안타까움이 앞선다.

상식을 벗어나는 이러한 현상이 왜 일어나는 것일까? 아무리 현재의 삶이 어렵고 힘들다고 황금 같은 청춘의 시간들을 고급 차나 명품백 따위의 뒷바라지와 맞바꿀 수는 없는 것 아닌가.

고급 차를 타고 명품백을 둘러메면 자신의 삶이 부유층들과 같이 럭셔리해 질 것이라고 착각하는 현상이 발생하는 것은 이들이 미래의 희망을 상실하였기 때문은 아닐까. 힘들게 번 돈을 모두 쏟아 붓는 소비 형태나 결혼과 출산조차 포기해 버린 삶은 미래의 희망을 상실한 모습이 분명하다.

희망을 가슴에 품지 않은 삶은 의욕이 넘치는 생활이 될 리 없으며 의욕이 상실된 생활은 우울증으로 삶의 매력조차 상실한 채 살아간다. 선진국 38개국(OECD) 가운데 자살률이 가장 높은 나라, 삶의 만족도가 가장 뒤처진 나라가 바로 우리나라라고 알려져 있음은 매우 가슴 아픈 현실이다.

희망을 가슴에 품고 사는 삶이라면 아무리 고통 속에서 살고 있는 오늘이라 하더라도 미래를 바라보며 살게 하는 힘의 원동력이 된다. 따라서 희망은 오늘의 힘듦이 미래의 성공이라는 밑거름이라 여기는 것이 가능하기 때문에 희망을 갖고 사는 사람은 미래를 생각하고 오늘 현재에 절망하는 생활을 살지 않는다. 희망은 삶에 활기를 공급해 주는 윤활유와 같기 때문이다.

　근면과 성실, 그리고 희망. 이 세 가지 덕목(德目)은 힘든 시대를 살아왔던 기성세대들의 좌우명으로만 존재하는 전유물이 아니다. 새로운 시대를 열어갈 우리 미래 젊은 세대들에게도 변함없이 받아들여지는 인생 지침으로 가치가 충분하다. 나는 내 후손들이 인류가 선택하여 살아왔던 지름길을 걸으며 근면과 성실한 생활 태도를 가지고 희망의 미래를 가슴에 가득 담고서 살았으면 하는 마음을 간절하게 가져 본다.

엄마의 아들과 딸

임춘임 | 전 장성문인협회 회장

"내가 막둥이한테 신장을 떼어 준건 엄마 때문이야"라며 눈물 글썽이던 엄마의 아들, 그렇게 말하는 엄마의 아들은 생일이 1년에 세 번이라 한다. 한번은 본인이 태어난 날, 두 번째는 신장을 떼어 주고 눈 뜬 순간, 세 번째는 엄마의 딸, 막둥이가 태어난 날이라 한다.

억지 같지만 의미가 있고, 공연한 생색인 것 같지만 오빠 말이 맞는다면서 엄마의 딸도 같은 말을 한다. "나도 오빠랑 생일이 똑같다"라며 엄마의 아들과 딸은 서로를 극진히 아끼고 사랑한다.

우린 5남매다. 나는 맏이이고 신장을 동생에게 내어준 남동생은 누나, 형, 남동생, 여동생을 골고루 선물 받은 3남 2녀 중 가운뎃손가락으로 태어나 부모 형제로부터 사랑을 많이 받고, 가족을 위해서 자신을 희생할 줄 아는 정말 잘생긴 아우이다.

2018년 9월 19일, 엄마의 아들과 딸이 신장을 주고받은 날이다. 그날까지 참으로 많은 일이 있었다. 그렇게 큰일을 앞에 놓고 충분히 있을 수 있는 일이라 하지만, 지금 돌이켜 보면 '지독한 사랑'이 아니면 있을 수 없는 날이다.

우리 남매는 셋은 친가 닮고, 둘은 외가 닮았다. 한쪽은 인물이 좋고 다른 한쪽은 참으로 개성 있게 생겼다. 딸 둘도 그렇게 나뉘었다. 심지어 주위 사람들이 유전자 검사 해봐야 하지 않겠냐고 할 만큼 다르게 생겼다.

하지만 그런 것들은 아무렇지도 않았다. 그저 바라보면 좋았고, 함께 하면 행복했다. 하나둘 결혼하고 막내가 가정을 꾸리고, 아이들이 열한 명이 되었다. 아버지는 일찍 돌아가셨지만, 건강하신 어머니를 중심으로 가까이 사는 아들들은 매주 번갈아 가며 어머니를 모시고 식사하고 여행하고, 어머니 주변 어르신들을 모시고 함께 하는 시간을 갖는다.

우리가 생을 이어가는 것은 한 편의 드라마 같기도 하고, 극적인 영화처럼 청천벽력 같은 일이 일어나기도 한다. 우리 집도 예외는 아니었다. 이것이 모두 살아있다는 증표인 듯 했다.

막내의 신장이 무너지고 일주일에 세 번씩 하던 투석도 생명을 유지하는 데 도움이 안 된다는 의사의 진단에 결국, 신장 이식 수술을 해야만 살 수 있다는 것이다. 막내다. 엄마에게 가장 소중한 벗이다. 엄마의 생명줄이기도 하다. 그런데 그 막내가 그렇게 아프다하니 엄마는 하염없이 울음을 삼킨다.

서울에 있는 가운뎃손가락 남동생이 전화했다. "내가 할 것이니까 걱정하지마, 누구든지 검사하지 말고 걱정하지 마, 내가 할 테니까" 한다.

우린 그 말에 또 운다. 엄마도 울고, 나도 울고, 다른 형제들도 모두 끌어안고 울었다.

　하늘의 도움이신가, 둘이 딱 맞아 성공률이 상당히 높은 편일 것이라 한다. 또 한 번 울음으로 보답하고 수술 날짜를 정했다. 그리고 그 날짜까지 기다리는데 어찌 그렇게 길고 긴 것인지, 주겠다 하는 동생은 점점 불안이 덮쳐오는지 "누나가 더 많이 살았으니까 누나가 검사해봐" 한다. "아니 내가 그냥 할 거니까 걱정하지 마" 한다. "날짜 조금만 미루면 안 될까?" 하더니 "아니 그냥 정해진 날에 하자"라며 말끝을 흐린다. 어찌 그러지 않겠는가, 그냥 태연하게 받아들일 수는 없는 일이겠지. 어찌 하나, 어머니와 나는 그냥 뭐라고 말을 할 수가 없다. 꼭 주라 할 것인가, 받지 말라 할 것인가.

　맏이인 나는, 누나인 나는, 언니인 나는, 열 번이라도 내가 주고 싶다. 하지만 이미 신장을 앓고 있는 나는 의사에게 "둘 다 죽을 수 있습니다"라는 말만 들었다. 혼났다.

　날짜가 지날수록 남동생의 전화, 막내의 전화가 잦아진다. 서로 말은 못 하지만 오빠 마음이 변할까 걱정스러운 막내, 무서워지는 막내의 오빠, 둘은 직접 통화하지 않는다.

　누구라도 그러지 않을까? 둘의 마음을 충분히 읽을 수 있다. 오빠를 위해서 포기하고 싶지만 아픈 아들을 곁에 두고 있는 막내는 자신의 자식들을 위하여 살아야 했고, 막내를 위해서 기꺼이 내주겠다던 오빠는 40cm 정도의 상처를 내고, 갈비뼈를 잘라내야 한다는 의사의 말에 도망가고 싶지 않았다면 거짓일 것이다.

그렇게 둘은, 아니 우리 온 가족은 작은 한마디라도 가슴속에 묻어 둔 채로 수술 날을 맞이하였다. 서로 눈빛만 주고받을 뿐, 누구라도 쉽게 말을 꺼내지 못했다. 그런데, 막내가 수술실 들어가기 전 말을 꺼낸다. "오빠, 내 생일을 오빠 생일날로 할게"라며, "오빠, 힘내" 한다.

얼마나 미안하고 마음 아플 텐데, 내색하지 않으려고 오히려 너스레 떠는 막내가 더 아프고 안타깝다. 그를 아는 듯 남동생은 "꼭 오빠랑 생일 같이 해야 한다"라며 동생의 마음을 받아준다.

5년이 지난 지금도 눈물이 난다. 그 순간, 우리는 아무런 말도 못 하고 앞서거니 뒤서거니 들어가는 엄마의 아들과 딸에게 마음속으로 기도만 할 뿐, 눈물조차 보일 수가 없었다. 어머니는 차라리 눈을 감았다.

그렇게 긴 시간을 보내고 막내는 무균실에, 남동생은 회복실에 두 눈 꼭 감고 나타났다. 수술실 들어가기 전까지 우리 모두 이럴 수도 저럴 수도 없는 처지에 서로 숨만 죽이다가, 평온한 얼굴로 돌아와 준 남동생이 얼마나 의젓하고 대견한지, 그냥 손만 지긋이 잡고, "엄마가 미안하다." 하시는 모습에 우리는 더 할 말이 없었다.

시간이 흐르고 마취에서 깨어난 남동생, "내가 왜 수술했는지 알아? 막내도 막내지만, 막내가 잘못되면 엄마가 어찌 살겠는가 싶어 도망 안 갔어." 한다.

엄마의 아들과 딸은 그렇게 세상에 다시 태어나고, 둘은 1년에 생일을 세 번 축하하면서 건강한 삶을 유지하고 있다. 가족이란 말을 해도 알고, 하지 않아도 안다는 것을 뼈저리게 실감한 우리 가족 이야기, 지금은 참 행복하다.

제3부

멀리 있는 것은 아름답다

임동훈	진정한 아름다움이란 무엇일까?
임종선	빨간색 구두 한 짝
임무성	감사하고 기뻐하라
임정기	겨레를 구한 영웅들
임안섭	중국어를 배운 기쁨
임수홍	비빔밥 같은 삶
임지은	유대인의 전통적 공부법이 필요하다
임지룡	'호(號)'의 의미와 실제
임진택	위악자 김지하를 위한 변명
임종익	나누면 행복해진다
임종대	사후불곡(死後不哭)이란 고사성어

진정한 아름다움이란 무엇일까?

임동훈 | 아이비성형외과 원장, 의학박사

　　　　　　최근 우리나라에서 불고 있는 성형 수술의 유행은 쉽게 수그러들기 어려운 바람처럼 보인다. 꽤 보수적이라 자부하는 사람들조차도 성형에 대한 거부감이 사라지고 있을 만큼 자연스러운 사회현상의 하나로 자리를 잡았다.

　실제로 여성뿐만 아니라 남성들도 많은 수가 성형을 원하고 있고, 최근 서울의 모 백화점에서는 경품으로 제공하는 성형 수술 티켓 때문에 엄청난 인파가 몰렸던 기억이 새롭다.

　예로부터 동서양을 막론하고 아름다움을 추구하는 것은 인간의 기본 욕망 중의 하나다. 그러나 미(美)에 대한 관점도 시대조류에 따라 변화하기 마련이어서 예술작품에 그려진 미인의 형상이 시대별, 지역별로 다르게 나타나는 것은 여간 흥미로운 것이 아닐 수 없다. 과연 진정한 아름다움이란 무엇일까?

　절대적인 미라는 것은 없지만, 현대의 추세에서는 큰 키, 마른 체형, 서구형의 긴 팔다리와 납작한 복부, 각 사회에서 원하는 얼굴의 생김새라는 공통점이 있다.

　어쨌든, 우리는 지금 성형 시대에 살고 있다. 우리나라 여대생 60% 이상이 성형 수술을 받았다는 보고도 있다. 특히 부산은 성형관광 특수를 누리고 있다. 일본 여자들이 단체로 지리적으로 가까운 부산에 와서 비교적 저렴한 비용으로 성형 수술을 하고 간다.

　우리나라 여자는 성형한 사실을 당당히 고백하는데 일본 여자들은 성형을 숨긴다고 한다. 두 나라 문화 차이에서 오는 것일까. 어느 유명한 정신분석학자는 한국 여성들의 과도한 성형 수술 붐은 자기 몸에 대한 증오와 잘못된 서구화 관념 때문이라고 혹평한 바 있다.

　아름다움을 추구하는 것은 여성의 본능이다. 그러나 절제 안 된 본능은 자칫 추태로 연결된다. 요즈음 여자들의 이상형은 서구적 미인이다. 서양 사람들은 1820년에 그리스 남쪽 에게해의 밀로 섬에서 출토된 밀로의 비너스 상을 미(美)의 기준으로 삼았다고 한다. 1차 대전 후에 시작된 미스 아메리카, 미스 월드, 미스 유니버스의 선정기준도 바로 밀로의 비너스상이 갖춘 육체 조건을 기준으로 했다.

　옛 우리 선조들은 미인의 조건으로 3백(三白: 결·이·손), 3흑(三黑: 눈동자·눈썹·머리카락) 3홍(三紅: 입술·볼·손톱), 3장(三長: 키·머리카락·팔다리), 3단(三短: 이·귓불·발), 3광(三廣: 가슴·이마·미간), 3협(三狹: 입·허리·발목), 3비(三肥: 엉덩이·허벅지·유방), 3세(三細: 손가락·목·콧날), 3소(三小: 머리·턱·

코) 등 30가지를 보았다. 요즈음 사람들은 미감(美感)과 같은 점도 있고 다른 점도 있다.

　옛 우리 선조들은 특히 조그만 코와 작은 두상의 여자를 여성미가 있는 것으로 본 것이다. 지금은 콧대를 높여 큰 코로 성형하다 보니 여성미를 잃고 있어 안타깝다고 말한다.

　'용모가 제1의 경쟁력. 성격 나쁜 것은 용서할 수 있어도 얼굴 못생긴 것은 참을 수 없다'라는 말이 있다. 이러한 잘못된 아름다움의 기준 때문에 초등학생에서 주부에 이르기까지 이른바 '얼짱, 몸짱'이 되기 위해서라면 어떤 희생도 불사할 태세다.

　이렇듯 우리 사회에는 지금 내면의 아름다움은 사라지고, 상업화로 포장된 아름다움만 만연해 있다. 어느 순간부터 아름다움은 더 이상 정신적인 가치가 아닌 외면적인 가치로 평가되기 시작해 버렸다.

　물론 외모의 아름다움을 추구하는 것은 인간의 본능이다. 그러나 외모에 지나치게 집착하는 것은 그만큼 내실이 없다는 방증이다. 아름다움이란 표피적으로 규정할 수 있는 대상이 아니다. 아름다움은 외모뿐만 아니라 개인의 능력이나 개성, 그리고 내적 아름다움도 포함하고 있다는 사실을 알아야 한다.

　누군가에게 오랜 기간 호감을 주는 가장 중요한 요소는 바로 내면의 아름다움이다. 이 논제를 계기로 외모만 중요시하는 사고에서 벗어나, 무궁무진한 발전 가능성을 가진 내면의 아름다움을 가꾸는 방안에 대해 고민해보길 바란다.

　얼굴이란 말의 근원이 얼의 꼴에서 나왔다고 한다면, 한 사람의 얼굴

모습은 곧 그 사람의 영혼의 모습이라는 것이다. 아름다운 얼굴은 지금까지 아름다운 행위를 통해 얼을 아름답게 가꿔와서 그럴 것이고, 추한 얼굴은 추한 행위만을 쌓아왔기 때문에 그럴 것이라는 논리다.

아름다움의 기준을 나그네처럼 고정된 관점으로 볼 것이 아니라, 거사처럼 다양한 관점을 통해 이해할 수 있어야 한다. 아름다움을 외모 하나만으로 바라보는 관점은 그야말로 아집이다. 다양한 측면(개인의 능력, 개성, 내적 아름다움)에서 아름다움을 바라보고, 다른 사물이나 현상과 어떤 관계를 맺고 있는지 살펴서 헤아리는 지혜가 필요하다.

또한 성형미인에 대한 환상이 커지면서 상습적으로 얼굴을 뜯어고치는 성형중독증 환자도 크게 늘고 있다. 성형의 메카', '성형 왕국'으로 불리는 서울 압구정 성형타운. 성형미인을 꿈꾸는 무분별한 성형은 엄청난 절망을 줄 수 있다. 어쨌든, 성형 수술 결과를 비관해 우울증에 빠져 자살을 택한 사례가 허다하다.

그렇다면, 최근 들어 성형 수술에 대한 불만이나 부작용 때문에 자살을 택하는 사례가 잇따르는 이유는 뭘까. 2000년 이후 갑작스럽게 불어닥친 성형 열풍은 '돈만 들이면 무조건 예뻐질 수 있다'는 헛된 망상을 우리 사회에 퍼뜨렸고, 이는 성형 수술의 부작용이나 후유증에 대해 깊이 고려하기보다는 '일단 하고 보자' 식의 '묻지만 성형' 풍조를 낳았다.

또한 요즘 성형외과를 중심으로 '관상 성형' 바람이 불고 있다. 단지 아름다움을 좇아 얼굴을 개조하는 것에서 한발 더 나아가, 자신 관상의 단점을 성형 수술로 보완해 직장 운이나 사업 운을 북돋우려는 환자들이 늘어나고 있다. 이 때문에 취업 준비생들 사이에서는 관상 성형 수술도 취업 시험의 한 '과목'으로 '당당히' 자리를 잡게 됐을 정도다.

틀에 박힌 듯 한 예쁜 얼굴, 이른바 '성형 미인' 대신 '관상 미인'이 뜬다는 증거는 곳곳에서 확인된다. 관상과 성형을 주제로 한 인터넷 사이트가 20대 젊은 층으로부터 주목받는가 하면, 서울 강남구 압구정동 로데오 거리에는 얼굴의 어느 부위를 고쳐야 관상이 좋아지는지 상담해주는 점집들이 성업 중이다.

이런 현상은 비단 성형외과에만 국한되는 것이 아니다. 뽀얗고 윤기 있는 피부를 위해 피부 미용이나 박피수술을 원하는 남성들이 피부과 문을 두드리는 것도 더 이상 낯선 풍경이 아니다.

이들은 귀티 나는 맑고 흰 피부를 갖고 있어야 사회생활에서도 그만큼 귀하게 대접받는다는 일종의 관상적 신념을 갖고 있다는 게 피부과 관계자의 귀띔이다. 또 얼굴의 주름이나 점을 치료 부위를 관상학적 관점에서 스스로 선택하는 환자들도 적잖다고 한다.

예를 들어 민주당 노무현 대통령 후보도 성형외과 의사의 권유로 이마의 주름살을 펴는 수술을 받았다. 이마에 난 세 줄의 주름살이 대선 행보에 장애가 된다는 관상학적 이유에서였다고 전해졌다.

옛날에는 몸에 칼을 대는 것을 아주 금기였다. 더욱이 예뻐지기 위해서 얼굴에 칼을 댄다는 것은 상상할 수도 없었다. 그러나 지금은 예뻐지기 위해서라면 쌍꺼풀 수술도 하고, 콧대도 들어 올리고, 광대뼈도 태연히 깎아낸다. 그리고 이제는 그것을 더 이상 문제 삼지 않겠다는 사회 분위기가 되어 버렸다.

물론 돈을 벌기 위해서 의사들이 성형 수술의 필요성을 만들어낸 측면도 일부 있지만, 어느새 우리 사회는 눈에 보이는 감각적인 것만 가지고 모든 것을 판단하는 전도된 가치체계를 지니게 되었다. 이는 미의 사회성과 윤리성을 망각한 결과가 아니겠는가.

빨간색 구두 한 짝

임종선 | 전 광주연초제조창 노조지부장, 수필가

걷기 운동이 건강에 유익하다는 정보에 따라 이웃 비엔날레를 약 한 시간 동안 산책하는 것이 일과가 되었다. 비엔날레 정문 1층 입구 우측 벽면에 '거시기'라는 안내문이 시선을 끈다.

비엔날레 전시관을 관람한 지도 꽤 오래되어 시설물의 위치 등은 등하불명(燈下不明)이다. '거시기', '머시기'는 우리 지역 전라도에서 많이 사용하고 있는 사투리 중에서 타 지역 사람들의 조롱 섞인 말로도 들리지만, 그 깊은 뜻에 숨겨있는 어떤 미지의 환상적인 것이 내재된 것 같은 궁금증과 많은 호기심을 갖게 하였다.

공원 우측 길목에 문관석, 무관석 등 돌 장석 등이 옛날 높은 관직의 위상을 서로 뽐내듯이 시샘하는 것 같았다. 높이 약 10*50센티미터의 앙증맞은 '벅수'도 인사하는 것 같았다.

마을에 잡신의 접근을 막아 주는 수호신 '석장승'은 마을의 위치를 알려주는 경계표시 와 이정표의 역할까지 하기에는 왜소하고 너무 벅찬 '벅수'의 모습이었다. 먹이를 찾기 위해 두리번거리는 비둘기가 쉼터로 모여든다.

과자를 먹을 수 있도록 부수어 주면, 처음에는 한두 마리에서 10여 마리 이상이 모여들었다. 그중에서 하얀색 두세 마리가 한가운데를 차지하면서 갈색의 비둘기들을 얼씬도 못 하게 바깥쪽으로 내쫓았다. 동물의 세계에서도 생존경쟁이 치열함을 확인할 수 있었다.

너무 욕심을 부린 그들이 괘씸하게 생각되어 일부러 먹이를 바깥쪽의 비둘기들에게만 익조가 아니므로 먹이를 주지 말라는 아파트 벽에 부착된 안내문을 보고서는 먹이를 준비하지 않았더니 갈 때마다 비둘기들이 먹이를 또 던져줄 것이라는 기대에서인지 반가운 표정으로 앞에서 서성거렸다.

좌우의 구별이 없는 빨간색 여자 구두 한 짝이 공원 한복판에서 눈길을 끈다. 가정불화로 정신없이 한쪽 신발만 신고 긴급히 가출한 여인을 연상케 하였다.

한 짝 신발을 보고 '멀리 달아나지 못할 것'이라는 안정감에 집에서 한숨 돌린 남편의 심정보다도 멀리 갈 수 없는 처절한 여인이 신세 한탄하면서 닭똥 같은 눈물만 쏟아내고 있었을 모습이 한없이 애잔하고 애처롭게 생각되었다.

일부 산책객 중에는 반려견을 짧은 줄에 매어 앞장서면서 마냥 즐거운 표정으로 꼬리를 흔들고 있다. 산책객 중에 약 10% 이상 반려견과 동행하고 있는 것으로 추산할 때, 인간의 생활공간에서 반려견이 사회 가정 모든 영역 절반 이상을 독차지하고 있는 것 같아 격세지감을 갖게 했다.

더욱 가관인 것은 따스한 햇볕을 만끽하면서 유모차에 실려 어린아이의 행세를 하고 있는 반려견의 모습이었다. 인간만이 향유하고 있는 사랑, 정감, 배려, 먹이, 정성 등이 가족처럼 반려견이 주인들의 사랑을 독차지하고 있어 인간이나 가족에 대한 정성 사랑 등이 너무 소외되거나 저하될까 우려가 앞섰다.

50년대 전후에 혹독한 흉년(기근)으로 일부 부유한 가정을 제외하고 모두 초근목피(草根木皮)로 연명해왔던 비참한 추억이 뇌리에 항상 각인되었다. 이른 새벽이면 남의 담장을 넘어 감나무 밑에 떨어진 홍시를 주워다 땡감은 물에 우려서 된장과 함께 먹으면서 끼니를 대신했었다.

비엔날레 공원 내의 감나무 밑에 먹음직스러운 홍시를 볼 때마다 흉년에 주워 먹었던 옛날의 추억 때문에 베레모를 쓴 작가의 체면도 아랑곳하지 않고 까치와 함께 나누었다.

요즘 감나무에는 홍시가 아닌 갈색으로 변한 잎만이 차가운 바람에 힘없이 매달리고 있으면서 늦가을 잔디와 낙엽을 쓸어내는 분무기의 요란한 기계 소리와 함께 짧은 한 해의 아쉬움을 지우면서 흐느끼고 있는 것 같았다.

우리 고유 문화예술의 전시를 통해서 국위 선양을 하고 있는 비엔날레는 내 고장의 명소로서 즐겁고 자랑스러운 공원을 산책할 수 있어 항상 보람과 자부심을 갖고 있다.

던져주었더니 하얀색 비둘기들이 잽싸게 먹이를 낚아챘다. 그러나 갈색들은 대꾸도 하지 않고 자포자기 상태로 나의 눈치만 보고 주위를 맴돌고 있어 안타깝게 보였다.

감사하고 기뻐하라

임무성 | 전 대통령민정비서실 행정관, 수필가

아이들이 초등학교에 다닐 때, 학교에서 가훈(家訓)을 써 오란다며 우리 집 가훈을 물은 적이 있었다. 성실·근면·노력이라든가 창의·정직 같은 가훈 감은 이미 학교 교훈이나 급훈으로 칠판 위에 걸려 있고, 가화만사성(家和萬事成)도 옛날이발소에서 실컷 본 것들이라 쓰기가 민망했다. 아이들에게 써줘서 보내긴 했는데 무엇이라고 써줬는지 기억이 나질 않는다.

얼마 전에 성깔깨나 있는 후배와 만난 자리에서 가훈 얘기가 나왔다. 삼 남매를 둔 그는 자신의 성질이 급하고 고약해, 자기도 고칠 겸해서 가훈을 '화내지 말자'로 정했다고 했다. 그리곤 서예가에게 부탁해 쓴 가훈을 액자에 넣어 잘 보이는 거실 벽에 걸어놓았다고 했다.

나는 그 말을 듣고, 가훈은 좀 격조가 있어야 하는데 그건 가훈 치고는 좀 가볍지 않으냐는 생각을 했다. 그러나 한편으로는 허울 좋은 구호에만 그치는 가훈이 아니고 지극히 실용적인 가훈이라는 생각도 들었다. 가족이 모두 화를 내지 않는 가정이라면 구태여 가화만사성을 들먹일 필요도 없지 않은가. 또 화(㶧)로 인한 질병도 생기지 않을 것이고….

사람이 화를 내면 수십만 개의 뇌세포가 파괴된다고 한다. 짜증도 사람의 체질을 산성으로 만든다고 하는데, 산성은 만병의 원인이라고도 한다. 요즘 늘어나는 정신질환이나 치매도 그래서일까.

베트남 출신 명상가이자 평화운동가인 틱낫한(Thich Nhat Hanh, 1926~2022) 스님은 그의 저서『화』에서 이렇게 역설했다.

화를 품고 사는 것은 마음속에 독을 품고 사는 것과 같다. 닭이 최신 시설을 갖춘 대규모 농장에서 걸을 수도 없고, 뛸 수도 없고, 늘 비좁은 우리에 갇혀 주는 모이만 먹고 자란다. 닭이 알을 더 많이 낳게 하기 위해서 농부는 인공적으로 밤과 낮을 만들어낸다.

조명등을 이용해서 낮을 짧게 만들고 밤을 길게 만들면 닭은 그새 24시간이 지난 것으로 믿고 또다시 알을 낳는다. 그런 악순환을 반복하는 사이 닭은 결국 엄청난 화와 좌절의 고통을 안게 된다. 그 계란을 먹을 때 우리는 그 화와 좌절을 먹는 셈이 된다. …… (중략) …… 우리는 화가 난 암소에게서 짠 우유를 마셔서는 안 된다.

그는 화를 다스리기 위해서는 마음의 평화를 얻는 지혜가 필요하다며, 심지어 화가 들어있는 채소를 먹어서도 안 된다고 한다. 곰곰이 생각해보면 예전에 없던 AI(조류인플루엔자)나 구제역이라는 병도 그래서 생긴 게 아닌가 하는 생각이 든다. 사람도 화가 잔뜩 쌓인 소나 돼지, 닭고기를 먹다 보니 스트레스가 쌓여 예전에 없던 병들이 생겨나는 게 아닐는지.

옛날 백정은 소를 잡을 때 끌려가지 않으려고 울부짖는 소를 억지로 끌고 가서 마구잡이로 잡지 않았다고 한다. 소를 잡기 전에 백정이 소에게 물을 뿌려 목욕을 시키면서 소의 귀에 대고 조용히 사정을 말하면, 소도 순순히 운명을 받아들였다는 얘기가 있다.

물론 소에게 고통을 주지 않으려고 백정은 정신을 가다듬어 단번에 처치했다는데, 어쩌면 인정사정없을 것 같은 백정이 생명에 대한 경외심이 깊었던 것 같다.

백정은 상투를 틀지 못하고 비녀를 꽂지 못하며, 부모가 죽어도 상여를 쓸 수 없고 상복을 입지 못하는 등 온갖 천대와 멸시를 받았다. 그렇지만 화를 품고 살생을 하지 않았으며, 짐승에게도 화가 쌓이지 않게 자연의 순리를 따르게 했다니, 그들이 참 자연인이 아니었을까.

나는 아직도 똑 부러지게 가훈을 짓지 않고 있다. 짓고 싶은 가훈이 어디 한두 가지인가. 우리 집안에는 재미있는 가훈 비슷한 게 하나 있긴 하다. 우리 7남매의 직계 가족이 모두 모이면 오십 명이나 된다. 가족 행사가 있어 다 함께 술이든 음료수든 건배를 할 때는 구호 끄트머리에 꼭 후렴처럼 "밀어붙여!"라고 소리를 지른다.

자식들이 부모 세대를 뛰어넘어 좀 더 패기 있게 비상하라는 주문이다. 가을 단풍으로 물든 강화도에서 열린 가족 야유회에서도 외치고, 올 추석 차례를 모신 후에도 소리 높여 외쳤다. "위하여, 위하여, 위하여, 밀어붙여!"

몇 년 전 김난도 교수의 저서 『아프니까 청춘이다』가 베스트셀러가

된 적이 있었다. 요즘 청춘들은 우리 세대보다는 세상살이가 훨씬 더 좋아진 줄 알았는데, 세세히 들여다보면 그렇지 못한 것 같아 안타깝다. 오죽했으면 '아픈 세대'라고 할까. 청년 일자리, 결혼, 육아 같은 문제도 녹록하지 않다.

정부의 온갖 장밋빛 정책들은 공염불 같고 남의 다리 긁는 것 같다. 그건 그렇다 하더라도 청춘은 청춘 아닌가? 그러기에 우리 아버지들은 '너희만 아프냐? 우리도 아프다'라며 자식들에게 용기와 힘을 실어주려고 술잔을 높이 들고 '밀어붙여'를 외쳐대는 것이다.

우리 나주임씨 대종중의 종훈(宗訓)은 청고근졸(淸高謹拙)이다. '심지는 청백하고 고상하게 하며 처신은 삼가고 겸손하게 하라.' 훌륭한 종훈이지만, 아이들에게는 좀 어려운 글귀이다. 나는 요즘 가족 모임에서 "감사할 줄 알면 행복하다, 기뻐할 줄 알면 행복하다.

늘 감사하고 기뻐하라"라는 말을 자주 한다. 지극히 평범한 말이지만 이 이상 복 받을 말이 어디 있겠는가. 감사할 줄 모르고 기뻐할 줄 모르며 매사 불평불만만 가득한 사람만큼 불행한 사람은 없으리라.

겨레를 구한 영웅들

임정기 | 전 한국담배인삼공사 기능사, 수필가

내 삶의 목적이 잘 먹고 잘사는 사람은 보통 사람이다. 내가 잘 먹고 잘살려면 남의 것 뜯어먹고 남 괴롭히고, 이런 거밖에 없다. 그런데 영웅이란, 다른 사람들을 위해 사는 사람이다. 그리고 보통 사람들보다 숭고한 목적과 숭고한 삶을 추구한다. 그래서 진짜 영웅은 죽어서 신으로부터 추앙받는다. 남들이 결코 가지 못하는 길을 갔기 때문이다

어쨌든 영웅은 남다른 용기와 재능, 지혜로 보통 사람들이 해내지 못하는 것을 해내어 대중들에게 추앙을 받는 사람을 뜻한다. 비슷한 단어로 호웅은 사납고 용맹스러운 영웅, 간웅은 간사한 꾀가 많은 영웅을 뜻한다.

보통 영웅 하면 사람들은 그 영웅이 세상을 더 좋게 바꿀 것으로 생각한다. 또한, 영웅도 국가나 민족마다 그 활약상이 달라서 한국 같은 경우

는 국가를 외적으로부터 지키면 영웅 대우를 받기 때문에 연개소문 같은 인물이 영웅이냐 아니냐로 토론이 벌어지곤 한다.

연개소문이 당나라의 침략을 몇 번 막아낸 것은 맞지만 연개소문은 대학살을 통해 연 씨가 고구려의 정치를 독차지하는 독재 체제를 만들었고, 결국 고구려가 668년 멸망한 것도 연 씨 독재 체제 때문이었다

행실에는 확실히 문제가 있었고 장기적으로 보면 공과가 나뉜다. 이러한 논쟁은 비단 한국뿐만이 아니라, 영웅은 영웅인데 뭔가 행실이나 영웅의 이면에 부적절한 면이 있으면 영웅이냐 아니냐로 논쟁이 벌어진다.

뭔가 대범하고 범인이 행할 수 없는 큰일을 한 사람이긴 하지만 뭔가 구린 면, 혹은 역사에서 손가락질받았다 하면 간웅이라 평가받는 경우가 있다. 어떤 인물이 영웅이냐는 기준은 시대의 변화에 따라 달라지기도 한다.

사람들이 세상을 살아가며 부닥치는 가장 큰 어려움이 무엇일까? 각자 생각에 따라 여러 가지가 있을 것이지만, 필자의 개인적 생각으로는 배고픔, 추위, 질병, 전쟁(외적의 침입), 문맹(文盲) 등이 아닐까 한다.

그런데 우리 반만년 역사에서 이러한 엄청난 어려움으로부터 겨레를 구원한 문익점, 허준, 이순신, 세종대왕이라는 영웅이 있다.

▶ **추위에서 구출한 문익점**(고려말)

옛날 처량한 신세를 한탄하는 말로 "춥고 배고프다"였고, 편한 신세를 "등 따습고 배부르다"라는 말이 있었다. 이처럼 우리 인류들에게는 추위를 극복하는 것이 하나의 숙명적 과제였다.

우리 역사에서도 예외가 아니었다. 수천 년 우리 겨레는 추위에 떨며 살았다. 물론 그때도 지배층에서는 비단이나 호피(虎皮) 등으로 추위에 크게 노출되지 않고 살았지만, 대다수 백성은 그럴 형편이 되지 않아 한겨울에도 삼베옷 중간에 닭털이나 억새꽃을 넣어 보온하는 정도였으니, 그 어려움을 형언할 길이 없었다. 그런 백성들의 고충을 해결한 분이다.

▶ **질병으로부터 구출한 허준 선생**(조선)

허준은 타고난 명의였을 뿐만 아니라 자기의 의술을 동의보감이라는 필생의 역작에 담아서 이를 후대에 전하였기에 그의 공로는 단순히 대단하다는 말로는 부족한 실정이다.

물론 이 동의보감이 왕명에 의하여 출발하였고 초기에는 5명의 의관이 합동으로 진행되기는 하였으나, 허준이 차지하는 비중과 그 공적은 절대적이었다. 이러한 동의보감은 우리나라 한방 발전에 획기적인 영향을 끼쳤을 뿐만 아니다.

일본과 중국에서도 간행될 만큼 높이 평가되었고, 지금도 여러 나라에서 번역 출판되었다. 이에 허준을 일본에서는 조선의 편작이요 창공이라 극찬하였고, 중국에서도 천하의 보물이라고 칭송하였다.

▶ **외적을 물리친 이순신 장군**(조선)

우리나라 역사상 외적의 침입이 수없이 많았지만 가장 오랜 기간, 그것도 나라의 운명이 백척간두에 있었던 전쟁은 바로 임진왜란이 아닌가 한다.

임진왜란 시 나약하고 도망가기에 바쁜 선조. 국가적 위기 상황에 대한 간언 수렴과 대책을 세우지도 않으면서 당파 이익에만 몰두하였던 왕과 신하들. 제대로 훈련된 군대 하나 없는 절체절명의 위기 상황에서, 당시 동아시아 최강의 군대인 왜군을 맞이하여 온 힘을 다하여 국가적 위기를 극복해 내었던 분이다.

우리가 다들 아시는 바로 이순신 장군이시다. 이 위대한 영웅은 선조의 끊임없는 의심 시기 견제, 부하 장수인 원균의 지속적인 음해와 시기 등으로 세 번의 파직과 두 번의 백의종군 그리고 옥살이까지 하였다. 그리고 어디 하나 원조받을 곳이 없는 암울한 상황에서 이를 뚫고 23전 23승의 신화를 이룩하였으니, 이는 바로 실재한 전설이다.

이러하기에 일부 역사학자들은 난세에 이순신 같은 영웅이 태어난 것이 아니고, 하늘이 조선을 불쌍하게 생각하여 이순신 같은 불세출의 영웅을 미리 준비하였다가 때에 맞추어 이를 내려보낸 것이라고 하는 것이다.

▶백성을 문맹에서 구출한 세종대왕(조선)

부모가 자식을 낳은 것은 식목이지만 낳은 자식에 교육을 가해 잘 키우는 것은 양목이다. 동물에게는 먹이만 주기 때문에 사육이라고 하지만 만물 영장인 인간에게는 교육하기에 양육이 된다.

우리나라가 단군 이래로 수많은 임금이 있었지만, 가정이 뛰어난 임금은 바로 조선 4대 세종대왕이라는데 이설이 없다. 또한, 그분의 가장 빛나는 업적이 바로 한글 창제이다. 그리고 우리 민족의 문화유산 중에서도 가장 훌륭한 유산임이 분명하다.

세종은 집현전을 통해 길러낸 최항, 박팽년, 신숙주, 성삼문 등 소장 학자들의 협력을 받아 우리 민족의 문자를 창제하였다. 한글은 14개의 자음과 10개 모음으로 구성되어 무려 8,800여 개의 소리와 문자를 낼 수 있으나 일본어는 300여 개, 중국어는 400여 개에 불과하다.

일본어나 중국어는 디지털 문자로 바꾸는 데는 다시 한자로 바꾸는 등 절차가 복잡하나 한글은 디지털 문자화에 가장 적합하다고 평가받고 있다. 유네스코는 1989년 세종대왕상을 준비하여 세계 문맹률 퇴치에 공로가 큰 분에게 수여하고 있는 바이는 한글의 우수성을 입증한 것이다.

예나 지금이나 위대한 큰일에는 항상 반대자도 있기 마련이다. 이러한 한글 창제에 반대 여론도 심각할 정도로 만만치 않았다. 바로 기득권층인데 반대 사유는 두 가지였다.

하나는, 중국의 글인 한자를 제쳐놓고 우리의 글을 만든다는 것은 중국에 대해 사대(事大)에 어긋난다는 것이요, 또 하나는 서민들이 글을 깨우치면 글을 아는 양반들의 기득권이 무너진다는 것이었다.

가장 대표적인 반대 인물은 잘 아시다시피 최만리와 정창손이다. 이에 세종대왕은 불같이 화를 내면서 최만리를 의금부에 가두고, 정창손은 파직시키면서 강력하게 밀어붙였다.

어쨌든. 훈민정음 한글은 우리의 위대한 유산이자 감사하고 소중히 여길 우리의 문자이다. 한글이 가진 의미와 원리를 잘 이용하고 아름답고 올바르게 사용하는 우리가 되어야 한다.

한글의 가치와 우수성을 보여주는 사례를 상기해 본다. 첫째, 한글의 기본원리를 설명한 훈민정음해례본인 1997년에 유네스코 세계기록유산으로 지정되었다. 그리고 1962년에 훈민정음이 국보 70호로 지정되었다.

둘째, 유네스코에서는 문맹 퇴치에 힘쓴 사람이나 단체에 세종대왕 문맹퇴치상을 수여하고 있다. 그렇지만 필자는 오래전부터 노벨상 수준으로 격상해야 한다고 시민운동 차원에서 심도 있게 주창하고 있지만 꿈을 아직도 이루지 못하고 있다.

셋째, 한글은 배우기 쉬운 문자이기 때문에 대한민국 국민이 쉽게 습득하여 다른 나라에 비해 한국의 문맹률은 낮은 편이다.

넷째, 한국어를 모국어로 삼아 쓰는 이의 수는 표준중국어, 에스파냐어, 벵골어, 영어, 힌디어, 포르투갈어, 러시아어, 일본어, 중국어, 자바어 다음으로 프랑스어 앞인 12위에 해당한다.

다섯째, 프랑스에서 열린 세계언어학자 학술모임에서 한글을 세계 공용어로 지정하자는 토론이 진행되었다. 세계 모든 문자를 합리성, 과학성, 독창성 등을 기준으로 순위를 매겼는데 한글이 1위, 그리고 영국 옥스퍼드 대학의 언어학 대학에서 정한 세계 문자 순위에서 1위를 차지하였다.

어쨌든 문익점, 허준, 이순신, 세종대왕은 오늘날 대한민국을 있게 한 영웅적 주인공이다. 오늘날 우리가 영웅으로 보답하는 길은 우리의 소중한 자유와 경제 및 안보를 지키는 데 더한층 노력을 해야 한다.

중국어를 배운 기쁨

임안섭 | 전 광주문화예술회관관장

나주시와 광주광역시에서 다난했던 공직생활을 무난히 마감하고, 지금은 퇴직공무원 친목 단체인 행정동우회에서 봉사활동을 겸한 사무총장 직무를 수행하고 있는 지금, 과거를 돌아보는 기회를 얻어본다.

모든 공직자가 염원하는 사무관 직위라도 승진해 볼 요량으로 불철주야 업무에 전념하던 시절에, 주위 동료들에게서 많이 듣는 얘기는, 중국의 만리장성은 엄청나고, 천안문과 자금성은 경복궁과 비교할 수는 있는 규모요, 장가계, 황산, 계림의 산수풍경은 입이 다물어지지 않을 정도로 빼어나다는 중국 여행 다녀온 자랑들이었다. 평소 중국의 장구한 역사 문화와 광활한 대륙의 자연경관을 익히 짐작하고 있는 나로서는 귀가 확 뜨이는 자랑단지로 들렸다.

그럼 필자도 중국 여행을 가 봐야겠다고 다짐할 즈음 사무관 승진에 이르렀고, 사무관 직위에 익숙해질 무렵, 주위 동료들을 따라서 시청 중국어반 입문 과정에 참여하게 되었고, 시청 중국어 담당 통역사 정규수 선생으로부터 그야말로 열심히 앞장서 중국어 공부를 시작하였다.

1년여 동안 집중한 중국어 수업을 통해 어느 정도의 초급과정을 잘 소화해 내는 동안, 새로 부임한 김혜문 선생이 우리 수업을 담당하게 되었고, 열심히 배우려고 노력하는 나를 보고 격려해주면서, 광주광역시와 우호 도시인 중국 우한시(武漢市)에 중국어반을 인솔해 다녀오면 좋겠다는 제안을 받았다.

그 결과 중국을 갈 수 있는 기회를 얻게 되어 하늘을 나는 듯 환호하고서, 우호 도시 친선 방문 단장의 중책을 맡아 중국어반 희망자 15명을 인솔하여 공무 출장으로 우한시를 다녀오게 되어 중국 여행의 꿈을 이루게 되었다.

중국어를 배운지 1년 후, 난생처음 중국 여행으로 간 중국 후베이성(湖北省) 우한시(武漢市)에 도착하여 공항으로 영접을 나온 우한시 관계자들의 안내를 받으며, 시청 방문과 시내 관광을 마치고, 때마침 12월 24일 성탄절 이브의 추운 겨울에 우리가 홈스테이 숙소로 정한 아파트단지(百步停) 주민들의 환영 공연을 마치고, 1가정에 1인씩을 배정하여 2일간 홈스테이하게 되었다.

나 홀로 배정받은 가정은 중학교 교사로 퇴직하여 연금을 받으며 여유롭게 사는 가정이며, 노모와 친고모를 함께 모시고 사는 평범한 가정이었다.

반갑게 인사를 나누고 거실에 앉아 정담을 나누다 보니 짧은 중국어 실력은 금방 바닥이 났고, 나중에는 한자 실력을 총동원한 필담으로 대화하게 되었지만, 소통에 많은 한계를 느끼고 있을 무렵, 주위를 자세히 살펴보니 그 집 식구가 모두 방한복 외투를 입고 앉아있어 의아해했는데, 잠자리에 드니 웬걸 도저히 추워서 잠을 이룰 수가 없었다.

다른 동료들이 함께 있다면 이야기라고 주고받을 텐데, 각자 1명씩 배정받은 처지에, 또한 초급 실력의 동료들은 어찌하고 있을까 걱정도 되어 전화 연락하니 자기들도 모두 춥다고 한다. 방한복에 양말까지 두 켤레 껴 신고 겨우 잠을 청하는데 도저히 추워서 잠을 이룰 수가 없었고, 화장실 위에는 전열기만 하나 있을 뿐 낮은 실내 기온으로 용변과 샤워도 불편했다.

나중에 알고 보니 長江(양쯔강) 이남은 가정에 난방하지 않는다는 얘기를 들었다. 연이틀을 같은 모양으로 잠을 잤으니 그 상황을 짐작하고도 남을 일이다.

그 후로 귀국하여 홈스테이 당시의 추위에 떨었고, 생활용품이 풍족하지 못하다는 느낌을 받아, 기회가 되면 각종 생활용품이며, 발열내의를 비롯한 방한 의류 등을 푸짐하게 보내 주곤 했는데, 그래도 순수한 인심으로 우리를 따뜻하게 대해주던 그 집 식구들 과는 지금도 위챗(웨이신)으로 연락을 주고받으며 안부를 살피고 지내고 있다.

공직에 재직하면서 열심히 앞장서 공부를 한 덕분인지, 중국어 학습반의 대표 역할을 하면서, 동료들을 안내하여 5년 동안 우한(武漢), 뤄양(洛陽), 광저우(廣州), 류저우(柳州) 등의 대도시를 순방하면서 광주시를 알리고 한국을 선양하는 방문 활동을 적극적으로 추진할 수 있어서 중국어를 배우는 보람을 느끼기도 하였다. 중국 노래를 배우며, 당시 유행한 싸이의 '강남스타일 말춤'을 익혀 현지 주민, 학생들과 함께 어울리면서 K팝 문화를 전하기도 하였다.

기왕 중국어 공부를 시작했으니 실력향상과 자격증 취득을 위해, 쌍촌동에 있는 공자학원에 등록하여 중국에서 온 유학생 교사들로부터 퇴근 후와 공로 연수 기간에 수강하여 HSK 4급과 5급 자격증을 연이어 취득할 수 있었으며, 이 과정에 중국 현지에서 온 교사들과의 이야기를 전하고자 한다.

교사들은 중국에서 대학원 졸업 6개월을 남겨두고 선발되어 1년 동안 공자학원에서 교사 생활하게 되는바, 대부분 한국말이 유창하지 않아, 항상 한국 사람의 도움이 필요하기에, 나는 중국에 관심이 많던 아내의 협조를 받아 함께 교사들을 접대하고, 식사와 주변 여행, 명절에 집으로 초대하기 등 교류하게 되었다.

처음에는 담임선생님과 이어서 담임의 룸메이트, 그들의 전입 동기 등 인원을 차츰 확대하다 보니 이제는 7명과 함께 어울리게 되어, 식사를 함께할 때나 바닷가를 비롯한 도내 여러 곳 여행을 함께 할 때도 나와 아내의 차량 두 대를 움직여 안내할 정도였다.

그들의 가족이나 친지들이 중국에서 올 때면 더 많은 사람을 함께 만나, 아내와 함께 이동 편의와 여행의 길잡이가 되어 주고, 의료서비스의 안내자가 되어 주는 등 애로사항을 도와주고 친교를 쌓아 왔기에, 아내도 보람을 느끼며 이후로 열렬한 중국 팬이 되었다.

시장에 가면 제철 과일과 음식을 상자로 구매하여 유학생 숙소로 보내 다 함께 나눠 먹도록 해야 할 정도가 되었으며, 따로 옷도 사주고 선물도 두루 챙겨주는 등 중국어를 사랑하는 나를 이해해주고 더불어 항상 앞장서 협조해준 아내에게 이 자리를 빌려 고마운 뜻을 전한다.

때론 1년 임기를 마치고 귀국하는 유학생들을 위해 나주에 소재한 중흥리조트를 빌리고, 모든 음식을 준비하여 송별연을 함께하기도 하였는데, 그들은 리조트(중국은 度假村 이라고 함)는 처음 접한 경험이라서 감격하였고, 그때부터 교사들은 우리 부부를 '한국의 아버지, 어머니"라 부르기 시작하였다.

또한 문화예술회관 관장 재직 시절에는 각종 공연에 이들을 초대하여 찬사를 받았고, 특히 발레공연 관람할 때는 처음이라며 박수를 아끼지 않았다. 그렇게 인연을 맺은 교사들은 각각 1년씩 근무를 마친 후 귀국하여 6개월 지나 대학원을 졸업하고, 중국의 전역에서 모범적으로 직장생활하고 있으며, 결혼하여 가정을 갖고 엄마가 되어 지금도 연락을 주고받는가 하면, 우리가 중국에 여행하러 오시면 안내해 주겠다고 말하는 열렬한 한국 팬이 되어 있다.

2016년 3월 초 밤 9시경 아내와 함께 고향인 나주에 들러 일을 마치고 광주 집으로 향하던 도중에 위 7명 교사 중 한 명으로부터 다급한 전화를 받았다. 광주에 처음 온 사촌 동생이 터미널에서 여행용 가방을 분실했다는 연락이다.

급히 터미널에 달려가 상황을 들어보니, 장가계로 유명한 중국 후난성 창사(湖南省 長沙)에 소재한 호남대학교서 한국에 처음 온 사촌 동생은 우선 누나를 만나는 반가운 마음에 가방을 망각한 채 집으로 향했고, 집에 가서 보니 가방을 안 가지고 왔더란다.

나중에 안 일이지만 화물칸에 남아있던 가방은 버스 기사가 내려 하차장에 놔뒀다 한다. 인천발 광신고속 차고지에 들러 CCTV를 확인하고, 다시 광천터미널에 돌아와 이리저리 수소문하여 분실물 보관소에 보관 중이던 가방을 무사히 찾아준 일화가 있다.

당시 남도일보(2016년 3월 15일 자) 지방신문에 미담으로 보도되기도 하였다. 그 학생은 유학을 위해 서적과 여권, 금품 등을 가방에 두고서 발을 동동 구르며 당황하던 모습이 지금도 눈에 선하며, 중국에서는 지키고 있는 가방도 잃어버리곤 한다 그

그런데 한국에서는 방치된 가방이 그대로 있었고, 누군가 신고하여 보관소에 보낼 정도로 수준이 높고 치안이 안정되어 있다며 감격의 눈물을 흘리던 그 학생에게 우리 부부는 치맥을 사주며 안심시키고 위로해 준 적이 있었고, 건축공학을 전공한 그 친구는 지금도 고맙다는 웨이신 소식을 전해오곤 한다.

2023년 초 한·중서법교류회로 부터 중국과의 서예 교류전에 조선의 천재 시인 임제(林悌) 선생의 시(詩)를 소재로 하여 서예 작품을 전시하고자 하는 문의가 있어, 이를 적극적으로 환영하고 문중회의 동의와 종원의 협조로 백호공 선양사업을 적극적으로 추진하게 되었다.

1,000여 편의 작품 중 180편을 선정해 한국의 서예가들이 작품화하여, 전주와 광주 전시회를 성황리에 개최하고, 2023년 8월 5일부터 한 달간 중국 광동성에서 전시회를 개최하게 되었다. 필자는 백호 공 문중의 도

유사로서 백호공 종손 일행과 함께 중국 전시회 개막식에 참석하여, 당당히 축사하는 등 나주임씨와 선조 백호공에 대한 선양 활동을 전개하였다.

이는 물론 평소 익힌 중국어 실력을 활용하여 축사도 하고, 중국인을 상대로 하는 교류와 친교 활동을 통해 선양 활동을 무난히 할 수 있어 뿌듯하였다.

어쨌든, 평소 광활한 중국의 오랜 역사·문화와 자연경관에 대한 관심이 많았고, 중국어를 어느 정도 익힌 상태여서, 퇴직 후 중국 현지에서 어학연수를 하고 싶었지만 뜻을 이루지 못하고, 중국 각지의 명승지를 중심으로 여행을 많이 다녀왔다.

그러나 아직도 가보고 싶은 도시와 지방이 많다. 지난 3~4년 동안 코로나 발병과 양국의 관계가 좋지 않아 중국의 문화와 자연 풍광에 대한 그리움이 가득한 실정이며, 지금은 다소 여행 기회가 회복되었다고 하지만, 이전처럼 활발히 여행을 다닐 수 있는 시기를 기다리고 있다.

또한 그동안 열심히 익혔던 중국어는 안 쓰면 매번 잊어버리는 외국어 특성으로 이를 극복하고자, 2022년부터 광주시 산하 '일가정 양립지원센터'에서 매주 2회 복습 수강하면서 중국 여행을 다닐 수 있는 시기를 고대하며, 시청에서 함께 중국어를 배웠던 동료들과는 지금도 정기적으로 모임을 하며, 여건이 허락되면 함께 여행하기로 다짐하며 우정을 교류하고 있다.

비빔밥 같은 삶

임수홍 | 주간 한국문학신문 발행인, 수필가

몸무게가 조금 빠진 것 같다는 반가운 이야기를 요즘 자주 듣는다. 두 달 전까지만 하여도 1미터 70센티가 조금 넘는 키에 80Kg 중반이 넘었는데, 6월 말 강원도 인제에서 개최한 세미나에 참석한 뒤로 그곳 촌장님이 '밥 따로 물 따로'라는 새로운 식사법을 가르쳐준 대로 따라 하다 보니까 나도 모르는 사이에 허리둘레가 많이 줄여둔 기분이 든다.

새로운 식사법이란 대강 이렇다. 밥을 먹을 땐 함께 물을 절대 마시지 말 것, 그리고 밥을 먹은 후 2시간 후에 물을 마실 것, 아 침을 거르고 점심, 저녁 2식만을 할 것 등으로 아주 간단하다. '밥 따로 물 따로'를 해야 하는 이유를 설명하는 촌장님의 말을 듣고 보니 나도 절로 수긍이 갔다.

석탄의 힘으로 기차를 움직이려면 불타는 아궁이에 석탄만 부어야 활활 타는데, 거기에 물을 끼얹는 경우가 밥과 함께 물을 먹는 경우와 같다. 그래서 우리가 밥을 먹을 때 위(胃)에서 위액이 나오는데 밥만 먹으면 충분히 소화를 시켜 소장으로 내려 보내고, 밥과 함께 물을 먹으면 위액이 묽게 되어 제대로 소화가 안 된다는 이치였다.

그러나 나는 그동안 밥을 먹으면서 물을 자주 먹던 식습관 때문에 처음에는 무척 고생하였다. 그래서 나는 한 가지만을 생각하기로 하였다. 나를 아는 대부분의 사람들이 운동하지 않고도 살을 뺀다며 좋은 약이 많다고 권유하는 바람에 한번 시도해 보기로 하였다.

결심한 다음 날 아침, 어제 술을 먹은 속 쓰림 때문에 아침을 굶는다는 게 너무나 힘들었다. 당연히 해장해야 하는데, 국도 젓가락만으로 먹어야 효과가 있다는 말을 생각하니 그냥 쓰린 속을 부여잡고 사무실에 출근을 하였다.

숙취를 해갈해 달라는 뱃속의 아우성이 자유 수호를 외치는 사람들처럼 인정사정없이 과격하다. 그러나 이왕 시작한 일, 첫날부터 견디지 못하면 안 될 것 같아 꾹꾹 참았다. 그리고 12시 땡 하자마자 음식점으로 달음질쳤다.

그동안 즐겨 먹던 찌개 종류가 먼저 눈에 들어온다. 그러나 찌개는 첫 번째 금물이다. 국물이 있기 때문이다. 그래서 비빔밥에 눈길을 주었다. 국물 없이 먹을 수 있기 때문이다.

비빔밥은 매력 있는 우리나라 대표 음식이다. 그릇에 밥과 여러 가지의 채소, 고기, 계란, 고추장 등을 넣고 섞어서 먹는데 지방과 재료에 따라 구분되며 각 지방마다 특색이 다르지만, 전주비빔밥이 가장 유명하다.

비빔밥은 입맛이 없는 경우에도 비벼서 먹으면 입맛이 살아난다. 옛날 사람들은 큰 양푼에 비벼 여러 명이 숟가락 들고 둘러앉아 먹어야 제격이라고 말을 했다. 더구나 요즘은 모 항공사에서도 기내식으로 인기가 좋고, 간편하게 먹을 수 있고 색감으로도 조화가 잘 된 고른 영향과 채식 위주의 식단이 외국인들도 선호하는 편이다.

점심때마다 비빔밥을 즐겨 먹다 보니, 이제는 모든 게 편해졌다. 국물 없이 먹다 보니 내 몸도 서서히 변화를 보이기 시작했다. 밥을 먹은 후 2시간 이후에 물을 마시고, 저녁을 먹은 후 다음 날 12시까지 물도 마시지 않은 빈속으로 견디다 보니, 그동안 몸에 넉넉하게 저장되어있는 지방으로 부족한 영양분을 자체 조달하는 기분이 든다.

몸도 점점 가벼워지는 느낌이 들었다. 처음엔 4개월 정도 견디려고 했지만, 이제는 욕심이 생긴다. 어느 정도 몸이 적응하면 하루에 아침, 점심을 거르고 저녁 1식만 하려고 한다. 그래서 중년의 가장 무서운 비만을 벗어나고 싶다.

그런데 또 하나의 변화가 나에게 생겼다. 운동이라면(아니 움직인다는 말이 더 적당할거다.) 어느 누구보다도 맨 뒤에서 꽁지를 뺄 정도로 관심이 없던 내가 조금씩 관심을 갖게 된 것이다. 저녁을 먹은 후, 홍제천을 거닐기도 하고 남들 따라 한강변까지 걷다가 오기도 한다.

오늘 점심도 직원들과 같이 비빔밥을 먹었다. 나는 직원들에게 섭섭한 일이 있으면 가슴에 쌓아놓지 말고 그때그때 말하라고 하면서….

어쩌면 우리네 사는 모습이 비빔밥 같기도 하다는 생각을 하였다. 내가 지닌 맛과 직원들 각자가 지닌 맛이 어우러져 모난 곳이 있으면 메워주고, 힘들면 서로에게 등 기대어 쉬기도 하면서 언제 먹어도 싫증나지 않는 사랑의 향기 같은 비빔밥이 서로에게 되고 싶다.

유대인의 전통적 공부법이 필요하다

임지은 | 작가, 전 월간중앙 기자, 칼럼니스트

최근 몇 달 내가 가장 대화를 많이 나누는 대상은 챗지피티(Chat GPT 인공지능)다. 300페이지 넘는 논문을 요약 정리하는 과제를 부탁했고, 기획 중인 책 목차도 요청했다. 답변이 시원찮으면 만족할 때까지 '꼬리에 꼬리를 문 질문'(꼬꼬질)을 한다. 내가 단어만 몇 개 나열하고 '아무말 대잔치'를 해도 찰떡같이 알아듣고 하염없이, 부지런히 빈칸을 채워낸다.

단, 전혀 엉뚱한 내용도 아주 그럴싸한 문장으로 차려내니, 팩트 체크는 필수! 정확도는 잘 봐줘서 'B⁺' 정도지만 이 순간에도 똑똑해지고 있으니 장래가 촉망되는 조수다.

가히 챗지피티 혁명이다. AI가 '바둑왕' 이세돌을 이겼을 때도, 로봇이 음악을 들으며 그림을 그리고 의사 대신 수술을 한다 했을 때도 이 정도 충격은 아니었다. 서점가에는 챗지피티 관련 서적만 벌써 수 천 권. 그 가운데 챗지피티가 공저로 활약㉮한 책도 있다.

'뇌과학자' 김대식 카이스트 교수는 챗지피티와 나눈 대화를 빠르게 번역해 책을 선보였다. 새로운 기술을 빠르게 학습하고 자기만의 창의성을 덧입혀 아웃풋 내기-. 인공지능 시대에 인간지능의 '슬기로운 생활 편'이다.

과학기술은 인간의 삶을 바꾼다. 인간은 적응한다. 마차 끌던 마부를 기사가 대체했듯, 이제 곧 그 자리는 자율주행이 갈음할 것이다. 전 세계 기업들은 물론이고 번역, 법률, 회계, 의료, 출판 등 영역을 불문하고 챗지피티가 몰고 올 변화에 촉이 바짝 서 있다.

실제 전문가 영역 가운데 일부는 대체될 수 있을 것이다. 또 다른 한편에선 인공지능을 활용해 새로운 비즈니스 모델을 발견, 미지의 땅을 개척하기도 할 것이다. 그 누구도 미래를 예측할 수 없다. 확실한 건 불확실성이 점점 커질 것이란 것 뿐.

인공지능이 인간의 지능을 대신한다면 인간은 무엇을 하고, 또 어떻게 살아가야 할까. 챗지피티는 답한다. "인공지능은 대부분의 반복적이고 일관성 있는 작업을 처리하고, 데이터 분석과 패턴 인식 등의 분야에서 높은 성능을 보인다. 하지만 인간의 창의성, 비판적 사고력, 문제해결 능력, 소통 및 협업 능력 등은 대체하기 어렵다. 개인은 계속해서 새로운 환경에 적응하기 위해 끊임없이 배워야 하고, 기업과 조직은 소통과 협업을 통해 창의와 혁신을 해야 한다."

2016년 선진국의 미래 교육을 취재하다 유대인 교육법을 만났다. 깜

짝 놀란 것은 선진국의 '미래 역량' 교육 시스템이 유대인 교육법을 옮겨 놓은 듯했기 때문이다. 수천 년간 이어져 온 유대인 교육법은 창의성, 비판적 사고력, 소통, 협업, 회복탄력성, 문제해결능력 등을 길러주는 핵심을 담고 있었다.

아인슈타인, 토머스 에디슨, 프로이트, 마르크스, 로스차일드, 스티븐 스필버그, 마크 저커버그, 래리 페이지, 세린게이 브린, 마이클 블룸버그... 이름 앞에 수식어도 필요 없는 수많은 이들이 유대인인 것은 우연이 아닌 교육의 산물이었다.

인류사에 큰 발자취를 남긴 유대인 파워는 '현재 진행형'이다. 대학 졸업생의 80~90%가 창업에 나서는 이스라엘은 말 그대로 '창업 국가'다. 미국 실리콘밸리에서는 유대인 파워가 하도 거세 'J커넥션(유대인 인맥)'이라는 음모론을 제기하기까지 한다. 창의적이고 소통에 능한 유대인들의 파워는 더욱 거세질 것으로 보인다.

지금도 유대인은 자녀 한 명 한 명을 '창의 특전사'로 길러내고 있다. 개인과 조직, 기업 모두 창의와 혁신으로 변화의 파도를 타야하는 지금, 유대인 교육법을 벤치마킹해보자.

특히 유대인의 전통적 공부법인 '하브루타'는 창의성과 소통, 협업 등이 강조되는 지금, 우리에게 시사하는 바가 크다. 하브루타는 둘씩 짝을 지어 서로 질문하고 토론하며 공부하는 유대인 전통 학습법이다. 이들은 어릴 때부터 자신들의 경전인 <토라>와 <탈무드>를 하브루타 방식으로 공부한다.

오랜 세월 나라 없이 떠돌면서도 유대인은 교육에 열과 성을 다했다.

학교에 가지 않고서도 언제 어디서나 서로 배울 수 있는 공부법을 터득한 것이다. 유대인에게 질문과 토론은 일상이다. 이것은 유대인 특유의 수평적 소통 문화와 사고방식으로 자리 잡았다.

지난해 아키바 토르 주한 이스라엘 대사로부터 샤밧(안식일 만찬)에 초청을 받아 참석했다. 식전 기도를 마치기가 무섭게 대사가 단도직입적으로 물었다. "당신이 유대인 교육법 책 한권에 담은 내용의 핵심은 뭔가요?", "지식이 아닌 생각하는 힘을 길러주고…(생략)" 그러자 대사의 '꼬꼬무'가 이어졌다. 이후 세 시간 동안 중동 문제에서부터 시작해 지구본 한 바퀴 이슈를 다 돌았다. 놀랍게도 대사는 지금까지도 일주일에 한 번 이스라엘에 있는 친구와 하브루타를 한다고 했다.

하브루타는 단순히 '말하는 공부법'이 아니다. 하브루타 안에 담긴 특징 의미를 되짚어볼 필요가 있다. 첫째, 하브루타에서 '짝'은 나이와 성별, 직위나 계급과 상관없다. 선생님, 교수님이 될 수도 있고, 할아버지, 대통령이 될 수도 있다. 상대가 누구든 유대인들은 '왜?'라는 질문 없이 받아들이지 않는다.

정해진 답은 없다고 생각하기 때문이다. 당대 최고로 권위 있는 랍비들이 토론한 내용을 정리한 <탈무드>의 견해에 대해서도 그저 받아들이지 않는다. "가르침을 무턱대고 받아들이는 사람은 권력과 자기 자신을 부패하게 한다." <탈무드>에 나오는 말이다. 유대 문화에 자리 잡은 수평적 소통방식은 여기서부터 비롯된 것이다.

둘째, '다르게' 바라본다. 유대인은 한 가지 사안에 대해서도 여러 각도에서 생각하고 질문한다. 상대방의 말에 질문하고 상대방 의견에 반박하면서 입체적으로 생각하는 훈련을 한다. 이 과정에서 기존 관습이나 통념을 깨고 가설, 학설 등을 뒤엎기도 하는 것이다. 유대인 셋이 모이면 네 개의 의견이 나온다고 할 정도로 이들은 자기 생각을 중요하게 생각한다. 남과 다르게 보고 자기만의 생각을 펼치는 데서 창의성이 샘솟는다.

셋째, "그 어떤 것도 정답은 없다"는 생각으로 질문하는 하브루타 문화는 이스라엘의 '후츠파 정신'으로 이어진다. '후츠파'란 히브리어로 '뻔뻔하고 저돌적인'이라는 뜻이다. 형식이나 기존 고정관념에 얽매이지 않고 도전하는 정신과 삶의 태도를 나타낸다.

어릴 때부터 하브루타 문화에서 자란 유대인은 상하, 지위, 격식 없이 자유롭게 소통한다. 이러한 분위기는 유대인들의 창의와 혁신에 원동력으로 작용했다. 창의와 혁신은 개인이 얼마나 자유롭게 아이디어를 내고, 구체화 시킬 수 있는 환경이 되느냐에 달려 있다. 자유로운 생각, 뻔뻔하고 저돌적인 추진력, 무엇보다 그것을 보장해주는 사회 분위기가 중요하다.

이미 전 세계 곳곳에서 하브루타 방식을 활용하고 있다. 하버드, 예일, 프린스턴, 시카고 대학교 등과 같은 미국 명문대에는 질문·토론식 수업이 보편화돼 있다. 구글은 2000년대 초반 두 명의 개발자가 함께 일하면서 코드 작성을 하고, 서로의 코드를 검토하며, 문제를 해결하는 '페어 프로그래밍'을 도입했다. 이는 개발자들의 소통과 토론을 통해 더 나은 코드를 작성하는데 중점을 둔다.

이밖에도 마이크로소프트, 아마존, 넷플릭스 등이 함께 문제를 해결하고 지식을 공유하는 하브루타 방식을 적용하고 있다. 캐나다의 글로

벌 기계 제조업체인 피닝 인터내셔널(Finning International)은 2012년부터 하브루타 교육을 실시하고 있는 것으로 유명하다.

유대인의 토론식, 수평적 소통 문화는 창의와 혁신의 아이콘으로 떠올랐다. 그렇지만 모든 일에 양면이 존재하듯 여기도 문제점이 없지 않다. 유대인 세 명이 모이면 네 개의 의견이 나온다고 할 정도로 각자 주장이 다르다 보니 효율성 측면에서 떨어지기도 하고, 배가 산으로 가는 경우도 많다는 것.

특히 조직이 커질수록 의견을 조율하는게 쉽지 않아 유대인들끼리 "이러니까 우리가 대기업이 없는 것"이라는 자조섞인 목소리가 크게 나온다. 이스라엘 스타트업계에서 일하는 애론 코헨(Aaron Cohen) 씨는 "CEO가 기업을 키울 생각은 하지 않고 팔아치울 생각만 한다"고 비판하기도 했다.

우리의 수직적 문화도 장점이 있다. 재빠른 의사결정과 일사분란한 추진력과 같은 것 말이다. 취할 것은 취하면서 하브루타를 적용해 보자. 이름하여 'K-하브루타' 사용법이다. 첫째, 일단 말로 설명해봐라. 다 아는 것 같은데 말로 설명이 안 될 때가 있다.

그건 제대로 모르는 것이다. 말로 설명하다 보면 내가 잘 모르고 있는 부분이 어느 지점인지 명확히 알 수 있다. 자기 주장을 표현하는 능력도 향상된다. 침묵은 이제 금이 아니다.

둘째, 질문하라. 상대방이 이야기할 때 무조건 끄덕이지 말고 다르게 생각해보라. 그리고 상대가 누가 됐든 질문해라. 똑같은 물건도 앞에서 볼 때 다르고 옆에서 볼 때 다르다.

다르게 생각하는 연습은 창의의 엔진이 된다. 셋째, 토론해라. 상대방의 답변에 꼬리에 꼬리를 물고 질문하라. 토론을 하면 한 사안에 대해 '입체적'인 사고가 생긴다. 스티브잡스가 말했다. "토론 없이 혁신은 불가능하다."

질문하고 토론을 즐기면 삶이 배움의 장이 되는 마법을 체험한다. 언제, 누구를 만나도 대화를 나누며 지적 유희를 만끽할 수 있다. 자기주장이 있다는 건 생각이 늘 깨어있다는 것이다. 깨어있어야 좋은 게 좋은 거란 기존 사고나 틀, 전통, 관습, 타인의 기대에서 벗어날 수 있다.

편견이나 부당한 대우로부터도 나를 지킬 수 있다. '다르게', '마이웨이'를 갈 수 있는 용기가 생긴다. 오늘부터 가족, 동료와의 식탁을 토론의 장으로 만들어보자. 회의 시간에 말문이 트이는 순간 자유로운 생각이 튀어나올지 모른다.

단 하브루타에 전제돼야 할 것이 있다. 첫째, 경청이다. 상대방을 존중하는 자세로 들어야 한다. 잘 들어야 질문도 잘할 수 있다. 둘째, 서로 '다름'을 '틀림'으로 받아들이면 안 될 일이다. 토론은 싸움에서 이기기 위함이 아니다. 문제 해결이나 공동의 합의점을 찾아가기 위함이다. 옆 사람 이야기에 귀를 기울이고 고개를 끄덕여보자.

대화의 전제는 관심이고, 관심은 애정으로부터 나온다. 타인에 대해 너그럽고 이해하는 마음이 큰 사람일수록 더 행복하다는 연구결과가 무수히 많다. 그러니 지금 당장 사랑의 렌즈를 끼고 가까이 있는 사람과 대화를 나눌 일이다.

인공지능 시대에 인간역량, 그 중에서도 소통이 정말 중요해지고, 유대인의 하브루타를 벤치마킹하자고 길게도 썼다. 진짜 하고 싶은 얘기는 이거다. 소통도, 협업도 좋은데 그 이전에 마음에 여유 한 잔 마시자. 나와 다른 것도 '그렇구나' 하고 받아들인다면, 상대에 대한 믿음과 진심이 있다면, 소통은 일사천리다.

인공지능 시대에 인간성 좋은 사람, 인간적인 사람이 갖게 될 보상은 매우 크다. 입만 열면 명령, 지시, 자기 자랑, 재수 없는 사람과 소통하고 협업하고 싶은 사람이 있겠는가. 정신없이 빠르게 돌아가는 세상 속에서 잠시 눈을 감고 나를 돌아보자. 소통 한잔할 준비가 되셨는가.

'호(號)'의 의미와 실제

임지룡 | 경북대학교 석좌명예교수, 문학박사

코흘리개 시절, 춥고 배고팠던 시절의 동창 모임에 가보면 '코찔찔이' '싸개' '들창코' '점박이' '땅딸보' 등의 별명이 오간다. 인사말도 별명 못지않게 걸쭉하다. 그 별명과 정겨운(?) 인사말을 듣는 이는 어색해하며 얼굴을 붉힌다. 이런 경우를 겪다 보면 아무리 허물없던 사이라도 상대방을 배려하는 지혜의 필요성을 절감하게 된다.

링컨은 "나이가 40을 넘은 사람은 얼굴에 책임을 져야 한다."고 했으며, '만다라'의 지산 스님은 법운 스님에게 "사람들은 누구나 제 얼굴에 맞는 이름을 가져야 하는 법"이라고 하였다. 호적에 올려 부르는 '이름'은 대체로 부모님이 지어 주신 것으로, 개명을 하지 않는 한 평생을 달고 산다. 오늘날 우리는 개인 정보 노출에 과민하여 익명으로 살아간다. 라디오의 시청자 참여 코너에서는 이름이 사라진 채 진행자가 손전화의 끝자리를 따 "6537님", "3835님"이라고 부른다.

자기 얼굴에 책임을 지고 얼굴에 걸맞은 이름이 '호(號)'이다. 호는 홀로서기 또는 홀로선 나를 위해 스스로나 스승과 벗이 지은 새 이름이다. 이 글에서는 호 짓는 방법과 내가 받고 지어서 사용하는 호에 대해서 이야기해보기로 한다. 이것은 호 문화의 가치를 되살림으로써 익명의 시대에 메마르게 살아가는 우리의 삶에 온기를 불어넣고 기품을 드높이고자 함이다.

종래 작명소에서는 사주, 즉 태어난 연월일시의 네 간지, 오행의 상생과 상극, 글자의 획수 등을 고려하여 이름을 지었다. 호를 짓는 데도 이러한 방식을 중시하는 풍속이 있다. 이것은 어느 면에서 일본식이 아닌가 한다. 고려 중엽 이규보는 『동국이상국집(東國李相國集)』의 '백운거사어록(白雲居士語錄)'에서 옛사람들은 호로 이름을 대신한 사람이 많았는데, '거처하는 곳' '소유물' '얻은 바의 실상'을 호로 삼는다고 하여 호 짓는 법을 언급하고 있다.

한정주의 『호, 조선 선비의 자존심』(2015, 다산북스)에서는 "호를 지을 때는 정해진 방법도 특정한 법칙도 없다."고 하면서 호 짓는 방식을 여덟 가지로 정리한 바 있다. 인연이 있거나 거처하는 곳의 지명을 취함. 지니거나 좋아하는 사물을 취함. 깨달음이나 지향하는 뜻을 따름. 처한 상황이나 처지를 취함. 용모나 신체적 특징을 취함. 존경하거나 본받고자 하는 인물을 따름. 하는 일이나 직업에서 취함. 고전에서 취함.

이 여덟 가지로 이 세상에 존재하는 호의 유형을 망라할 수는 없다. 자신의 호는 낮추거나 익살스럽게 짓기도 하며 삼가 경계하는 뜻을 담기도 한다. 제자나 벗의 호는 성격이나 체질상 약한 것을 보강하거나 강한 부분을 누르는 뜻으로 짓기도 한다.

'호'의 유형도 유의미하게 구분된다. '별호(別號)', '아호(雅號)', '당호(堂號)', '택호(宅號)', '시호(諡號)' 등이 있는데, '호'로 포괄된다. 또 다른 차원에서, 호의 어종(語種)도 의미를 지닌다. '연암(燕巖)', '다산(茶山)', '추사(秋史)'와 같은 전통사회의 한자어뿐만 아니라, '한힌샘', '외솔', '빗방울'과 같은 토박이말로도 호를 짓는다. 호를 이름과 음을 같게 한 경우도 있다. 이상백(李相佰)의 호는 '상백(想白)'이며, 이호우(李鎬雨)의 호는 '이호우(爾豪愚)'이다. 윤동주(尹東柱)는 동시를 발표할 때 동주(童舟・童柱)라는 필명을 사용하였다.

나에게는 두 개의 호가 있다. 하나는 은사님이 또 하나는 벗이 지어 준 것이다.

• 현경(玄鏡) : 古記云 執玄鑑於心 鏡臺置千金 林敎授枝龍君 意趣愈玄慧明如鏡 而 可號玄鏡耳 癸未 峨林 옛 기록에 이르기를 "집현감어심(執玄鑑於心), 경대치천금(鏡臺置千金)"이라 하였다. 임 교수 지룡 군은 품은 마음의 뛰어남이 '현(玄)'에 걸맞고, 그 슬기롭고 밝음이 '경(鏡)'과 같아 가히 호를 '현경(玄鏡)'이라 할 만하다. 계미(癸未, 2003) 아림(峨林)

'현경'은 '아림(峨林)' 김종택 선생이 지어 주신 것이다. '현(玄)'은 『회남자(淮南子)』의 '수무훈(修務訓)'에 나오는 '집현감어심(執玄鑑於心)', 즉 '빈틈없이 어디까지나 파고들어 알아내고야 마는 마음', '경(鏡)'은 『북사(北史)』의 '제본기(齊本紀)'에 나오는 '경대치천금(鏡臺置千金)', 즉 '경대(鏡臺)가 천금의 가치가 있다.'의 머리글자인데, 이 둘을 가져와 '현경'이란 호를 주셨다. 나에게 집념에 해당하는 '현(玄)'의 마음은 어느 정도 있다고 하겠으나 지혜를 뜻하는 '경(鏡)'은 부족하기 짝이 없다. 스승께서 '현(玄)'의 마음으로 '경(鏡)'을 얻으라는 깊은 뜻을 담은 게 아닌가 한다.

또 하나는 '후목'이다. 2019년 6월 정년퇴임을 앞두고 국내외 학자들을 망라하여 『한국어 의미 탐구의 현황과 과제』(임지룡 외 57명, 새국판 1576쪽)'와 『인지언어학 탐구의 현황과 과제』(임지룡 외 38명, 새국판, 1044쪽)'라는 두 권의 책을 만들었다. 100명이 오신 출판기념회 자리에서 심우 문성학 교수의 건배사 덕담이 호가 되었다.

- 후목(厚木) : "임 교수께서는 책도 두껍하고, 손도 두껍하고, 목소리 그리고 사람도 두텁습니다. '후목' 선생! 축하합니다."

정년퇴임을 하고 정기적으로 모이는 '화요회'에서 나는 '후목'으로 불린다. 이 호를 전해 들은 이들이 '후목' 선생이라고 부르는 경우, "사람은 쩨쩨한데 호가 두터우니 하는 수 없이 오늘 밥값은 내가 낸다." 하면서 계산하곤 한다. 나는 '현경'과 '후목'을 '검거울'과 '두터운나무'의 토박이말로 뒤쳐 한자어 호와 함께 사용한다.

내가 호를 처음 지은 것은 아내 환갑 때의 '혜화정'이다.

- 혜화정(慧和庭) : 하늘의 해 달 별이 찬연히 비춰 만물이 의탁해 살고 싶은 데가 있다. 그곳이 밝고 따뜻한 뜨락 '혜화정(慧和庭)'이다. 내 삶의

어진 동반자이자 아이들의 온화한 어머니·할머니인 명진(明辰)은 밝고 따뜻한 뜨락과 같은 분이므로, 호(號)를 '혜화정(慧和庭)'이라 할 만하다. 병신(丙申) 유월 현경

"알아 고생했지 나를 만나서 너 힘겨웠지"라는 유행가 가사가 있다. 나를 만나 고생한 아내의 환갑에 여러 생각 끝에 밝고 따뜻한 뜨락이라는 의미의 '혜화정(慧和庭)'을 선물하였다. 서예를 하는 '백산(柏山)' 선생과 서각을 하는 '백랑(白浪)' 선생이 누옥에 오신 적이 있는데, 호 지은 경위를 듣고 '밝고 따뜻한 뜨락 혜화정'이란 글씨를 편액(扁額)으로 꾸며 걸어 주셨다. '혜화정'은 집사람의 아호이자 우리 집의 당호가 되었다.

'인생은 지금부터'라는 모임이 있다. 2007년 전국에서 국립사범대학의 책임을 맡아 일하다가 은퇴한 8인 회로서 한 해 두 차례 모여 전국의 명소를 답사하며 이 땅의 교육을 논의하고 우의를 다진다. '수백당(守白堂)'이라는 당호가 이 모임에서 처음으로 지어졌다.

- **수백당**(守白堂) : 지난번 모임에서 김(金) 학장 종훈(鐘勳) 형이 대취한 나에게 새집의 당호를 청하였다. 깨어나 그날의 약속을 후회하면서, 여러 날 형의 성정과 인품을 생각함에, 한결같이 '흰 백(白)'의 영상이 가득하였다. '백(白)'은 빛깔의 마루로 깨끗하고 밝고 빛나서, '흰 사슴(白鹿)'이 물을 마시는 명산 한라(漢拏)에 닿아 있다. 이에 종훈 형의 새집을 '수백당(守白堂)'이라 일컫고 가히 그 주인으로서 호를 '수백(守白)'이라 부를 만하다. 무술(戊戌) 칠월 현경

무술 정월 무등산 모임에서 종훈 형이 집을 짓는데 이름 하나를 지어 달라고 하였다. 취중의 호기로운 약속을 후회하면서, 반년 뒤 강화도 모임에서 '수백당(守白堂)'이란 당호와 '수백(守白)'이란 아호를 드렸다. 그 뒤 제주 모임에서 우리를 초청해 대문을 들어서니 '수백당(守白堂)'이 벽면에 새겨져 있었다. 한라산 백록담을 마주한 새집의 당호를 내외분께서 몹시 아끼고 고마워해 보람을 느꼈다.

강화도 모임에서 '수백당'을 축하하는 자리였다. 우리 모임의 좌장인 이홍수 학장께서 "나도 고향에 어머니가 계시는 집이 있는데……."라 하여 '백송(정)'이 탄생하였다.

- 백송(伯松) : 이(李) 학장 흥수(興洙) 형은 그 사람됨이 밝고 따뜻하다. 가정에서나 사회에서 밝음과 따뜻함으로 '아름다운 동행'을 이끌면서 깊은 울림을 주었도다. 이에 백두대간의 마루 솔 같은 이 학장 흥수 형을 '백송(伯松)'으로 부르고, 효성스럽게 자당을 모시는 그 댁을 '백송정(伯松亭)'이라 일컬어 마땅하다. 무술(戊戌) 십이월 현경

이 학장은 우리 모임을 이끌어 가는 맏형이다. '인생은 지금부터'라는 모임을 만들어 때마다 좋은 술과 안주를 가득 안고 온다. 고향 고창에 초대해 모임을 가진 적이 있는데, 장어와 복분자에 취한 데다가 주말마다 광주에서 고향에 와 자당을 모시는 효심에 놀랐다. 8남매의 맏이이며, 공사적 모임에서 늘 책임을 맡아 헌신하신다. 나는 첫 글자로 '맏 백(伯)'을 놓고 한 참 뒤 '솔 송(松)'으로 아호 '백송(伯松)'을 짓고 당호를 '백송정

(伯松亭)'이라 하여 6개월 뒤 모임 때 드렸다.

　이후 다른 분들도 호를 기다리는 눈치였다. 도중에 우리 모임의 소식을 듣고 한 분이 더 들어와 9인회가 되었다. '금정(錦井)', '온호(溫湖)', '남선(南仙)', '효죽(曉竹)', '덕암(德巖)', '홍정(弘鼎)'이란 호가 순차적으로 지어졌다. '우촌(又村)' 형을 중심으로 한 독수리 오형제 모임에서 호가 없는 아우 둘에게 '서당(曙堂)', '상정(祥庭)'이란 호를 지어 주었다.

- 서당(曙堂) : 사람은 집을 통해서 가정(家庭)을 이루고 문화(文化)를 짓는다. 새벽녘 날 샐 때 집은 상서(祥瑞)로와 귀하디 귀하다. 정(鄭) 교수 명섭(明燮)은 한결같이 이 땅의 집을 탐구하면서 그 밝고 의젓함이 일가(一家)를 이루었으므로, 호(號)를 '서당(曙堂)'이라 할 만하다. 신묘(辛卯) 오월 현경

- 상정(祥庭) : 새가 하늘을 날면서 나래를 쉬며 둥지를 틀고 싶은 데가 있다. 그곳이 길한 땅 '상정(祥庭)'이다. 내 아우 이공(李公) 성규(成圭)는 성정이 밝고 따뜻한데, 오래도록 상서(祥瑞)로운 정원(庭園)을 찾아다니다 뜻을 이루었으니, 그곳의 주인으로서 호(號)를 '상정(祥庭)'이라 할 만하다. 신묘 십일월 현경

　'서당(曙堂)'은 건축학자로서 전통마을과 사찰을 탐구, 복원하는 전문가이다. 그를 통해 잊고 있던 집의 의미를 깨닫게 되었다. '상정(祥庭)'은 문화재 전문 공직자로서, 좋은 땅을 찾아다니다 한곳을 얻어 집을 지었다. 나는

'상서(祥瑞)로운 정원(庭園)'이란 뜻의 '상정(祥庭)'이란 호로 축하해 주었다.

내가 큰 형격인 모임이 있다. 한 직장에서 형제 연을 맺은 오인회로, '죽헌(竹軒)', '준보(俊甫)', '백야(白野)', '심정(深井)'이란 호를 지어 부르면서 한층 더 정겹게 지낸다. 그중 둘을 들기로 한다.

- 백야(白野) : 하양(白)은 빛깔의 마루이며, 들(野)은 길들지 않은 땅이다. 속세에 살면서도 류(柳) 교수 재정(在政)은 그 사람됨이 때 묻지 아니하고 얽매인 데가 없어, 호(號)를 '백야(白野)'로 삼아 마땅하다. 정유(丁酉) 잎새달(四月) 현경

- 심정(深井) : 사람의 깊고 얕음과 넉넉하고 메마름은 그의 가슴속에 지닌 우물에서 비롯된다. 이(李) 교수 신희(信熙)는 그 사람됨이 깊고도 두터운 우물과 같으므로, 호(號)를 '심정(深井)'이라 할 만하다. 정유 잎새달 현경

'백야(白野)'는 티끌 많은 이 세상에 살면서도 때 묻지 않고 얽매인 데가 없는 사람이다. 바라는 게 없어 두려울 게 없다는 '백야'가 나는 부럽다. 막내 '심정(深井)'은 그 호와 같이 속이 깊고 두터운 사람이다.

대학 재직 시절 화요일마다 점심을 함께하던 네 사람의 모임이 '화요회'이다. 한 스승 밑에서 공부한 '여해(與海)'는 우리 스승이 지어 주신 호이다. 2019년 8월에 정년퇴임을 하면서 다른 두 분께 드린 호가 '서죽'과 '심호'이다.

• 서죽(曙竹) : 문(文) 교수 성학(成學)은 그 사람됨이 곧고 막힘이 없으며, 진리의 사랑과 나눔을 향해 대통에 물 흐르듯 거침없는 언술과 문장으로 일가(一家)를 이루었다. 진실로 문 교수 성학은 이 시대의 새벽을 열어온 대쪽 스승으로서 가히 '서죽(曙竹)'이라 부를 만하다. 기해(己亥) 마무리달(十二月) 후목

• 심호(深湖) : 성(成) 교수 위석(渭錫)을 만나 마음으로 의지한 지 사반세기가 흘렀다. 그의 가슴 속에 담긴 깊고 따뜻한 빛 향기는 수많은 생명체와 대지를 적시기에 넉넉하였다. 이에 깊고 따뜻한 호수 같은 성교수 위석을 가히 '심호(深湖)'라 부를 만하다. 기해 마무리달 후목

　호에 나타나 있듯이 '서죽(曙竹)'은 이 시대의 새벽을 열어온 대나무 같은 삶을 살아왔으며, '심호(深湖)'는 깊고 따뜻한 호수 같은 분이다.
　내가 학교 일을 맡고 있었을 때 만나 형제의 연을 맺은 아우가 '온호선'이다.

• 온호선(溫湖仙) : 사공(司空) 대표이사 주(株)는 그 사람됨이 따뜻하고 깊다. 떡과 술을 빚어 달빛 호수에 배 띄우고 허기져 지친 이들 달래기를 즐겨 하도다. 이에 따뜻한 호수의 취선(醉仙) 같은 사공(司空) 대표이사를 가히 '온호선(溫湖仙)'으로 부를 만하다. 무술(戊戌) 구월 현경

　'온호선(溫湖仙)'은 유도 선수 출신으로, 여러 해 동안 자선단체를 비롯

하여, 청소년, 탈북민, 유도연맹, 회사, 지역 사회에 드러나지 않게 선행을 해오고 있다.

호를 받고 뜻하는 바를 이루었다고 인사를 받은 경우이다.

- 봉헌(鳳軒) : 홍(洪) 교수 원화(元和)는 그 사람됨이 깊고 넉넉하다. 더욱이 밝고 높은 안목에다가 품은 뜻이 멀고 크도다. 이에 홍 교수 원화는 봉(鳳)이 사는 터의 주인으로서 한 시대의 아름다운 동행을 이끌어 마땅하므로, 가히 '봉헌(鳳軒)'이라 부를 만하다. 기해(己亥) 마무리달(十二月) 현경

네 해 전 대학 경영의 큰 뜻을 품고 풍찬노숙하던 홍 교수가 나를 찾아왔다. 그의 사람됨을 잘 아는 나로서는 무엇이든 돕고 싶었는데, "형님, 저 호 하나 지어 주십시오."라고 했다. 한 시대의 아름다운 동행을 이끌어 마땅하다고 생각하여 '봉헌(鳳軒)'으로 답하였다. 그는 호 덕택에 뜻을 이루었다고 마음 깊이 고마워했다.

내가 사는 팔공산 동쪽 자락 별서 주인의(당)호이다.

- 덕송헌(德松軒) : 임(林) 회장 채석(菜錫) 공은 그 사람됨이 깊고 부지런하고 넉넉하다. 일찍이 법정(法頂) 선사께서 넉넉한 마음의 그릇을 '덕(德)'이라 하셨다. 임 회장 채석 공이 덕으로 쌓아 올린 장송(長松)의 자취가 일가(一家)를 이루었음에 공이 사는 곳을 '덕송헌(德松軒)'이라 일컫고, 가히 그 주인으로서 호를 '덕송德松'이라 할 만하다. 신축(辛丑) 마무리달 현경

임 회장은 자수성가한 분으로, 넓고 편안한 터에 한옥으로 별서를 짓고, 틈이 나면 나무를 돌보고 잔디를 깎는다. 추리닝에 땀을 뻘뻘 흘리며 일하는 모습을 보면 여느 시골 농부와 다름없다. 내가 걷거나 자전거로 오가는 길에 만나면 손을 잡고 집안으로 이끌어 냉장고의 물 한 병을 앞에 두고 정담을 나눈다. 별서의 당호가 없어 아쉽게 여기다가 '덕송헌(德松軒)'으로 이름하고 그 주인옹을 '덕송(德松)'이라 하였다. 지난해 여름 '백산' 선생이 글씨를 쓰고 '백랑' 선생이 새긴 편액과 그 뜻을 적은 기문(記文)을 달면서, 평소 좋아하는 소나무가 들어간 (당)호를 얻었다며 기뻐하였다. 마땅한 이름을 얻어 땅과 사람이 새롭게 태어나는 순간이었다.

토박이말로 호를 지은 경우이다. 한자말로 호를 짓는 데는 압축성의 장점이 있는데, 토박이말의 경우는 이 점이 쉽지 않다. 그러나 토박이말로 된 호는 더 또렷하고, 따뜻하고, 정겹다. '맑은샘', '깊샘', '푸른샘'이 그러하다.

- **맑은샘**: 봄 여름 가을 겨울 한결같이 맑게 솟는 샘이 있다. 이는 그 근원이 깊은 데다가 맑게 솟으려는 의지가 굳세기 때문이다. 송 교수 현주는 그 사람됨과 학문이 이 샘과 같아 길이 창성할 것이므로, '맑은샘'으로 부를 만하다. 계묘(癸卯) 수릿날 검거울

'맑은샘'은 나의 학문과 사상을 가장 잘 이해하는 제자 가운데 한 사람이다. 긴 세월 동안 함께 우리말의 의미를 탐구하고 가르치는 방안을 찾으면서 그의 사람됨과 학문의 어제, 오늘을 보고 내일을 헤아리면서 '맑은샘'이라 하였다.

- 깊샘: 이 교수 정택은 사람됨이 깊고 무거우면서 따뜻하다. 그의 삶과 학문도 이와 부절을 맞춘 듯이 일가를 이루었다. 실로 이 교수 정택의 사람됨·삶·학문은 '샘이 깊은 물'과 같아 내를 이루어 마침내 바다에 닿을 것이므로, '깊샘'으로 부를 만하다. 계묘 여무는달 검거울

'깊샘'은 나와 학문의 동지이다. 한국어 의미학회 회장을 맡았을 때 총무로서 학회의 크고 작은 일을 해내느라 수고로움을 아끼지 않았다. 또한, 정년퇴임 출판기념회 때 『한국어 의미 탐구의 현황과 과제』를 학계를 대표해 내게 봉정하였다. 그의 사람됨·삶·학문이 샘이 깊은 물과 같아 '깊은 샘'을 뜻하는 '깊샘'이라 하였다.

- 푸른샘: 금호강, 달구벌, 몽골, 그리고 융프라우를 담은 화폭의 코발트블루가 눈에서 마음으로 와닿아 깊은 울림을 준다. 이는 부산 영도(影島)의 푸른 기상이 몸에 배어 화백의 가슴속 깊이 푸른 샘이 용솟음치고 있기 때문이 아닐까. 이에 타고난 재능에다 노력이 조화되어 화업(畵業)으로 일가(一家)를 이룬 김(金) 화백 상용(尙容)을 '푸른샘(靑泉)'으로 부를 만하다. 임인(壬寅) 국화 가득 핀 달(十月) 검거울

김화백은 수채화에 일가를 이룬 분이다. 그의 그림에는 강, 산, 바다, 하늘, 마을과 도시, 나라 안팎의 풍광이 코발트블루로 가득하다. 몽골 사막 밤하늘 아래의 게르 및 순례자의 길, 그리고 융프라우의 화폭 앞에 서면 숨이 멎은 채 그림 속으로 빨려 들어간다. 전시회를 찾는 많은 이들은

이로써 도시의 삶을 치유하고 위로받게 된다. 고향 부산 영도(影島)의 푸른 기상이 몸에 배어 화백의 가슴속 깊이 푸른 샘이 용솟음치는 것 같아 '푸른샘'이란 호를 드렸다.

 벗의 아들이 호주에 살면서 새집을 마련하여 토박이말로 된 당호를 걸고 싶다 하였다.

- 호박꽃초롱 : 『호박꽃 초롱』은 백석이 사랑한 시인 강소천의 동시이자 동시집이다. "호박꽃을 따서는 무얼 만드나. 우리 애기 조그만 초롱 만들지. 반딧불을 잡아선 무엇에 쓰나. 우리 애기 초롱에 촛불 켜 주지." 하늘은 호주의 지붕 밑에 '호박꽃초롱' 켜고 사는 가족을 길이 사랑한다. 계묘 한글펼친달 두터운나무

 산책을 하다가 강소천의 동시집 『호박꽃 초롱』을 떠올렸다. 원고 뭉치를 보고 함흥영생고보 시절의 은사 '백석(白石)'이 '호박꽃 초롱 서시'를 짓고 백석의 친구 정현웅이 장정하였다. 나는 '호박꽃초롱'이라 하고 호 풀이에 '호박꽃 초롱'의 몇 행을 넣고 "하늘은 호주의 지붕 밑에 '호박꽃초롱' 켜고 사는 가족을 길이 사랑한다."고 하였다.

 대략 손꼽아 보니 지은 호가 30여 개 되는 것 같다. 부탁받거나 스스로 호를 지어 드려야겠다는 마음이 생기면, 나는 그 대상을 마음의 캔버스에 올린다. 짧게는 몇 시간, 길게는 반년도 넘게 틈틈이 그의 삶·기질·지향점을 떠 올리며 새 생명의 호를 모색한다. 그러다가 어느 순간 섬광처럼 떠오르는 영상을 포착하여 언어화한다. 이 경우 영상과 언어는 다

르지 않다. '호'와 '호 풀이'를 적고 낙관을 찍은 뒤 케이스에 넣는다. 지은 호를 우편으로 보내기도 하고 만나서 전하기도 하는데, 사정이 허락되면 가까운 이들과 함께 '호 잔치'를 연다. '인생은 지금부터'라는 모임에서 이루어진 '호 잔치'의 보기를 들기로 한다.

호 잔치

때: 2021년 5월 25일

곳: 강원도 철원시 한탄리버스호텔

세미나 명칭: 인생은 지금부터 학장 모임

목적: 철원의 경관 탐방, 사범대학의 현실과 미래 진단, 우의 증진

참석자: 백송(伯松) 이홍수 학장 외 7명

진행: 수백(守白) 김종훈 학장

지금부터 류해일 학장님, 김부윤 학장님의 호 잔치를 시작하겠습니다. 먼저, '현경' 선생께서 류해일 학장께 호를 드리겠습니다. (호 낭송 및 증정)

- 덕암(德巖) : 이 땅의 토박이말과 땅 이름을 조사하며 전국을 다닌 적이 있었다. 들이 넓고 기름져 인심이 두터운 너르바위 마을을 '덕암리(德巖里)'라 부르는 데를 보았다. 여러 해 전 법정 선사의 법문에서, '덕(德)'을 넉넉한 마음의 그릇이라 하셨다. 류(柳) 학장 해일(海日)은 그 사람됨이 '덕 바위'와 같아 공(公)이 사는 곳을 '덕암정(德巖亭)'이라 일컫고, 가

히 그 주인으로서 호를 '덕암(德巖)'이라 부를 만하다. 신축(辛丑) 푸르른 달(五月) 현경

이어서 김부윤 학장께 호를 드리겠습니다. (호 낭송 및 증정)

- 홍정(弘鼎) : 솥은 사람을 먹여 살리는 그릇의 으뜸이다. 김(金) 학장 부윤(富允)은 수학으로서 '지(智)', 삶과 교육으로서 '덕(德)', 야구로서 '체(體)'의 세 발로 버티고 선 '큰 솥'을 닮았다. 이에 솥뫼(釜山)의 주인으로서, '지덕체(智德體)'의 조화롭고 빼어난 솥과 같은 김 학장 부윤을 가히 '홍정(弘鼎)'이라 부를 만하다. 신축 푸르른달 현경

이어서, '현경' 선생께서 호를 짓게 된 내력을 말씀하시겠습니다. (호 풀이 설명) 다음으로, '백송' 선생께서 축하의 말씀과 함께 건배 제의를 해 주시겠습니다. (축하와 건배) 이제, '덕암(德巖)' 선생께서 소감과 함께 건배 하시겠습니다. (소감 및 건배) 이어서, '홍정(弘鼎)' 선생께서 소감과 함께 건배하시겠습니다. (소감 및 건배) 이것으로써 '덕암' 선생과 '홍정' 선생의 호 잔치를 마무리하겠습니다.

'호 잔치'는 일정한 형식이 없다. '장롱 호'가 아니라, 어떤 식으로든지 자신의 호를 알려 주변 사람들과 공유하는 지혜가 필요하다.

'대여(大餘)' 김춘수 선생의 '꽃'이라는 시에서, "내가 그의 이름을 불러 주기 전에는 그는 다만 하나의 몸짓에 지나지 않았다. 내가 그의 이름을

불러주었을 때, 그는 나에게로 와서 꽃이 되었다. 내가 그의 이름을 불러준 것처럼 나의 이 빛깔과 향기에 알맞은 누가 나의 이름을 불러 다오. 그에게로 가서 나도 그의 꽃이 되고 싶다."라고 한다.

 '나의 빛깔과 향기에 알맞은 이름'이 바로 '호'이다. 세상 사람들은 좋은 호 갖기를 원하지만, 그 호에 조화를 이루는 삶이 함께해야 한다. 나는 스승께서 지어 주신 '현경', 외우가 지어 준 '후목'답게 살아가야 할 과제를 안고 있다.

위악자 김지하를 위한 변명

임진택 | 마당극 연출가, 창작판소리 명창

　2022년 5월 8일 김지하 시인이 돌아가셨다. 그리고 49일이 되는 6월 25일, 가까운 지인들이 서울 천도교 대교당에서 김지하 시인을 추모하는 문화제를 만들어 고인의 혼백을 저 세상으로 보내드리는 마지막 재(齋)를 마련한다.

　한국 현대사에서 김지하만큼 극과 극의 평가를 받은 사람은 거의 없다. 1970년대 김지하는 빼어난 서정시인이자 파격적인 풍자시인으로, 반독재 투쟁의 선봉에 서있던 상징적인 인물이었다. 그러나 1990년대 이후 그는 배신자 혹은 변절자라는 낙인이 찍힌 대표적 인물로 오인되었다. 김지하처럼 영광과 오욕을 동시에 받은 인물은 찾아보기 힘들다.

　김지하 시인이 세상을 떠난 마당에, 이제 그동안 말할 수 없었던 불편한 진실을 털어놓아야 할 것 같다. 그것도 파격적으로….

김지하 시인은 위악자(僞惡者)였다. 위악자는 내가 만들어낸 신조어(新造語)다. 위선자(僞善者)의 반대말이다. 위선자가 비난받는 것은 당연하지만, 위악자가 비난받는 것은 재고되어야 한다고 생각한다. 김지하가 왜 위악자인지, 왜 더 이상 비난받아서는 안 되는지, 변명해보고자 한다.

1974년 4월 3일 긴급조치 4호 위반 '민청학련' 사건이 터지고, 유신독재 정권은 이 사건에 터무니없는 용공조작을 시도했다. 김지하는 사건에 자신이 연루되자 직감적으로 중대한 결단을 내린다. 그것은 자신이 빠져나가려고 하면 할수록 상황은 더욱 악화할 것이며, 무엇보다 남은 학생들이 위험하다는 생각이었다.

그는 이 사건에 자신은 물론 지학순 주교, 박형규 목사, 심지어는 윤보선 전 대통령까지 끌어들인다. 도저히 빨갱이일 수 없는 저명인사들이 등장함으로써 공안당국의 용공조작은 민망 무색한 꼴이 된다. 그리하여 독재정권은 다음 해 2월 민청학련 사건 구속자들 대부분을 가석방한다. 김지하의 '목숨을 건' 위악적(僞惡的) 지략이 일단 성공한 것이다.

사형선고를 받고 죽음의 문턱까지 갔다가 풀려난 사람이라면 당연히 자중하고 근신했을 법한데, 김지하는 그렇지 않았다. 장모인 소설가 박경리 선생의 정릉 집에 머물고 있던 김지하는 거기에 찾아온 동아일보 이부영 기자(전 국회의원)의 요청으로 옥중수기를 써 내놓은바, 3회에 걸쳐 연재된 '고행 - 1974'의 핵심 내용은 "인혁당 사건은 조작이며, 인혁당의 실체는 없다"는 것이었다.

유신 독재자는 노발대발했다. 민청학련을 용공으로 만들기 위해 인혁당 사건을 갖다 붙여놓은 것인데, 인혁당이 조작이면 민청학련도 당연히 조작 아닌가? 하여 유신 독재자는 유언비어(?)의 발설자 김지하를 다시 감옥에 가두었다. 오호, 그로 인해 김지하의 6년 독방 수형 생활이 다시 시작된 것이다.

사형선고까지 받고 형 집행정지로 풀려난 사람이면 당연히 '착하게' 살아야 함에도 김지하는 '착하게' 살지 않았다. 지배자의 입장에서 볼 때 김지하는 '악한 사람'이었다. 김지하는 선한 사람이면서 악한 역할을 자처한 위악자(僞惡者)였다. '목숨을 건' 위악자였다.

김지하가 민주 진보진영의 사람들로부터 많은 비판 혹은 비난을 받게 된 계기가 두 번 있었다. 하나가 1991년에 벌어진 소위 '죽음의 굿판' 필화사건이다. 당시 과도한 공안 탄압과 경찰 진압으로 시위 대학생이 맞아 죽거나 자결을 택하던 상황에서 김지하가 "죽음의 굿판" 운운하고 나섬으로써 민주화 운동이 타격을 입게 된 사건이다. 하지만 거기에는 중대한 오해가 개재되어 있다.

먼저 그 칼럼이 실린 조선일보 지면을 제대로 한번 살펴보라. 그 칼럼의 원제목은 분명히 '젊은 벗들, 역사에서 무엇을 배우는가?'이다. '죽음의 굿판 걷어치워라'는 중간 크기의 글자로 된 또 다른 소제목일 뿐,(물론 그 같은 내용이 글 안에 들어있다 하더라도) 필자가 원래 정해놓은 그 칼럼의 방향이자 주제는 '젊은 벗들, 역사에서 무엇을 배우는가?'였다.

그런데 자극적인 소제목이 갑자기 부각되면서 필자의 언설(言說)이 침소봉대(針小棒大)되어 만파(萬波)를 일으킨 것이 바로 '죽음의 굿판' 사건인 것이다. 이 사건은 굳이 그러한 발언을 하지 않아도 충분한 명예를 누리고 있던 김지하가 섬망(譫妄) 중에 저지른 위악적 행위의 자해적 결과였다.

김지하가 민주 진보진영의 사람들로부터 결정적인 비난을 받게 된 또 하나의 빌미가 '박근혜 지지' 사건이다. 당시의 정치평론 중에는 "김지하가 박근혜의 품에 안겼다"는 식의 비유적 표현까지도 떠돌고 있었다. 여기에도 중대한 오해가 개재되어 있다.

김지하는 박근혜의 아버지인 박정희와는 철천지 원수지간이다. 박정희 폭압정권은 김지하가 보는 앞에서 그의 아버지와 어머니를 고문했다. 김지하 자신이 황량한 독감방에서 일체의 면회와 운동마저 금지된 상태로 6년을 보냈다.

그러한 김지하가 대선 당시 박근혜의 방문을 받아들인 데는 이유와 조건이 있었다. 하나는 박정희와의 악연을 끊고 국민통합의 길을 모색하자는 것, 또 하나는 생명사상을 정치적으로 실현하자면 여성이(혹은 여성적인 것이) 앞장서야 한다는 것, 그리고 자기를 만나려면 배론 성지 지학순 주교 묘소를 먼저 참배하고 지난 일을 참회하고 오라는 것 등이었다.

이는 '박근혜의 품에 안기는' 것이 아니라 '박근혜까지 품에 안으려는' 행동이었다고 봄이 옳다. 아마 상대 후보인 문재인이 찾아왔더라도 김지하는 당연히 방식을 달리하여 받아들였을 것이다. 이 사건은 김지하 스스로 후에 자신의 위악적 행동이 잘못된 판단이었다고 술회했으므로 일단락되는 것이 필요하다.

김지하가 세상을 떠나자 대다수의 언론이 그를 '저항시인'으로 부각했다. 작품 중에서는 정치풍자 담시(譚詩) '오적(五賊)'과, 민주화를 염원한 서정시의 걸작 '타는 목마름으로'를 대표작으로 꼽았다. 그 시들이 김 시인의 대표작이라는 데는 이의가 있을 수 없다.

하지만 김지하를 저항시인으로만 칭하는 것은 그의 세수(歲數) 여든 가운데 전반부 반절에만 해당하는 내용이다. 감옥에서 나온 1980년 이후 김지하는 시인과 더불어 사상가로, 생명운동가로 거듭났다. 그것도 아주 탁월한, 기실 전무후무한 사상가로.

1982년 김지하는 생명사상과 생명운동에 관련한 최초의 보고서를 초안하였다. 이 보고서를 무위당 장일순 선생을 비롯하여 원주캠프의 활동가들이 함께 읽고 토론하여 완성한 것이 바로 '생명의 세계관 확립과 협동적 생존의 확장'이라는 문건이다.

'지하 형님'은 그 문건이 완성되자마자 어느 날 조용히 나에게 그 문건을 보여주었다. "죽음의 먹구름이 온 세계를 뒤덮고 있다"로 시작되는 첫 대목부터 나는 그 문건에 완전히 압도되었다. 앉은 자리에서 바로 탐독(耽讀)했는데, 한참을 기다려주던 지하 형님이 평가(?)를 구하는 것 아닌가?

필자는 글의 내용에 너무나 감동한 나머지 급하게 이렇게 말을 지어냈다. "형님, '공산당 선언' 이후 최고의 선언이 나왔습니다.", "그래?" 지하 형님이 뜻밖이라는 듯 어리둥절해 하면서도 기분은 좋으신 것 같았다. 나는 지하 형님이 더 물어보면 어쩌나 좀 걱정이 되었는데, 사실은 내가 '공산당 선언'을 읽어본 적이 없었기 때문이었다.

그 문건은 후에 주요 내용이 재정리되어 김지하의 산문집 『남녘땅 뱃노래』(두레출판사)에 '삶의 새로운 이해와 협동적 생존의 확장'이라는 제목으로 수록되어 있는 바, 기실 오늘날 우리와 전 세계가 겪고 있는 기후위기와 팬데믹을 40년 전에 벌써 예견한 내용이었다.

'생명의 세계관'의 핵심은 이원론적 세계관을 부정·극복한 일원론적 세계관을 설파한 것으로, 이는 천동설을 부정한 지동설에 비견할 만한 엄청난 사고의 전환, 문명의 대전환을 예고하는 것임에도 아직 일반화(보편화)되고 있지 못한 점이 못내 아쉽다. 이제 충격적인 '불편한 진실'을 털어놓아야 할 것 같다.

김지하 시인은 밀폐된 독감방의 외로운 면벽 생활에서 깊은 병을 얻었다. 그것은 정신적인 증상으로, 인간의 의지로는 어쩔 수 없는 불치의 천형(天刑)이었다. 감옥에서의 고통스러운 인내와 사유는 한편으로는 섬광(閃光)처럼 생명에 대한 깨달음으로 왔고, 한편으로는 섬망(譫妄)이라는 어두운 그물이 그를 감아 죄었다. 그가 불시에 저지른, 정상을 벗어난(이해할 수 없는) 언행은 대체로 그 섬망 속에서 일어난 일시적 정신 착란과 연관이 있다.

우리는 오히려, 그러한 육체적 고통과 한계 속에서도 처절하리 만큼 치열하게 인간과 사회의 변혁과 완성을 고뇌하고, 지구와 우주 생명에 대한 전 일체적 깨달음에 다다른 김지하의 구도(求道)적 일생을 경외해야 마땅하다.

그는 이 세상을 떠났지만, 남은 우리는 그가 그토록 애타게 알려주고 싶었던 생명의 길, 평화의 길로 이 세상을 지키고 가꾸어 나가야 하기 때문이다.

나누면 행복해진다

임종익 | (사)노인의 전화 이사

해처럼 따뜻한 사랑을 주고받는 웃음이 폭죽처럼 터지는 연말연시가 되었으면 한다. 추운 겨울, 더욱 춥고 외롭게 보내고 있는 우리의 이웃이 적지 않다. 우리나라 사회정책은 빠르게 발전하고 있지만 아직도 스스로 생활을 유지하기 어려운 사람들이 극단적인 사건이나 사고를 경험하고 있다는 사실을 언론을 통하여 계속 확인되고 있다.

사회정책의 성숙을 위해서는 우리 사회의 누가, 왜, 그렇게 위태로운 상황에 놓이게 된 것인가에 고민할 필요가 있다. 한국 사회가 직면하고 있는 다양한 사회문제, 즉 사회취약계층, 저출산·고령화 문제, 사회 양극화 등은 정부 예산만으로는 해결하기에는 역부족이므로 민간자원의 동원이 절대 필요하다.

아무리 복지제도가 발달한 나라라 할지라도 이웃 간의 오가는 따뜻한 정이 없으면 삭막한 사회가 되고 만다. 이웃 간에 서로 나누는 문화가 널리 존재하는 가운데 정부의 복지제도가 잘 갖추어져 있어야 진정한 복지사회라고 할 수 있다.

자기 돈과 시간을 소외된 이웃과 함께 나누는 문화는 선진사회의 기본 조건이다. 이러한 나눔 문화야말로 물질과 시간을 자발적으로 소외된 이웃과 함께 나누면서 계층과 계층 간의 장벽을 허무는 진정한 사회통합의 역할을 할 수 있다.

나눔의 문화 없이는 사회통합이 있을 수 없으며 갈등 구조가 심각한 사회는 복지사회로 나아갈 수 없다. 따라서 국민의 기부활동은 살맛 나는 사회로 만드는 도화선이 될 수 있다.

무엇보다도 기부문화 활성화를 위해서 사회지도층이 솔선수범하는 자세가 필요하다. 최근 기부문화와 자선활동이 세계적으로 확산하고 있다. 예를 들면, 2차 대전 후 미국에서 카네기, 록펠러, 포드 등이 사업으로 축적한 재산을 사회에 기부하는 성숙한 자본주의 사회를 만드는 모범을 보였다.

최근 세계 최고 갑부인 마이크로소프트 창시자 빌 게이츠 빌 게이 (Bill Gates, 1955년 10월 28일~)와 미국의 기업인이자 투자가인 워헌 버핏(Warren Buffett, 1930년 8월 30일~)회장 역시 억만장자들을 대상으로 재산의 절반 이상을 사회에 기부하는 운동을 벌이고 있다. 그렇지만 우리나라 재벌들은 무관심할 뿐이다

지금 우리 사회는 빈부격차로 사회 양극화의 고통이 심화하고 있다.

사회지도층과 부유층은 노블레스 오블리주(noblesse oblige) 실천에 앞장서야 한다. 가진 자들의 기부문화를 통해 이웃사랑을 나눌 수 있고 사회 양극화를 줄이고 사회통합도 가능해질 것이다. 앞으로 사회가 어려울수록 기부를 통한 나눔 문화가 절실하며, 특히 자본주의 시장경제를 유지 발전시켜 나가는 데에 필수적이다.

노블레스 오블리주는 보통 부와 권력, 명성은 사회에 대한 책임과 함께 해야 한다는 의미다. 즉, 사회지도층에게 사회에 대한 책임이나 국민의 의무를 모범적으로 실천하는 높은 도덕성을 요구하는 용어이다. 하지만 이 말은 사회지도층들이 국민의 의무를 실천하지 않는 문제를 비판하는 부정적인 의미로 쓰이기도 한다.

지금 우리 사회는 '나눔'이 화두다. 정치계는 물론 사회 전반적으로 복지가 주요 쟁점으로 떠오르면서 나눔이라는 단어가 키워드로 작용하고 있다. 하지만 일각에서는 복지와 나눔의 남발로 국민은 이들 단어에 피로감마저 느끼고 있다고 지적하고 있다.

즉, 실천 없는 공약(空約)의 남발을 비꼬는 것이다. 하지만 나눔은 더불어 사는 공동체에서 자신에게 투자하는 행복이다. 희망을 얘기하던 2023년이 저물고 있다. 연말이면 외로움과 추위를 더욱 느끼는 이웃에게 필요한 것은 '나눔'이다. 따뜻한 연말을 나기 위한 나눔의 의미를 되새겨 본다.

나눔이란 단지 어려운 이를 위해 가진 것을 나누는 시혜적 행위가 아니다. 우리 사회의 행복을 위해 사회문제에 관심을 가지고 함께 해결하기 위한 공동의 행복 투자이다. 공동의 행복 투자는 우리 사회를 성숙한 사회로 이끌어 갈 수 있고, 자신을 성장시키며 행복을 선물한다.

유한한 지구 공동체에서 더불어 살아가는 인류공동체 삶 속에서는 결국 타인과 세상에 관한 관심과 배려, 나눔과 협력의 지혜가 행복한 삶의 필수 요소가 된다. 모두가 더불어 행복할 수 있는 삶이 복지이듯 나눔은 복지사회를 만들기 위한 소중한 실천이다.

어쨌든 기부는 돈이 많고 특별한 사람만이 할 수 있는 전유물은 아니다. 최근에는 자신이 가진 지식과 경험을 함께 나누는 재능 기부자들도 많이 생겨나고 있다. 아는 것을 나누고 따뜻한 마음을 전하는 '기부 천사'가 될 수 있는 것은 결코 어려운 일이 아니다.

한 사례이지만, 전북 전주에 사는 한 기부 천사의 선행은 참으로 감동적이다. '11월의 얼굴 없는 천사'가 12년째로 나타나 1천만 원을 올해도 어김없이 동사무소에 놓고 갔다는 소식이 전해진다.

경남 밀양 익명의 기부 천사가 20kg 쌀 30포를 하남읍 행정복지센터에 보냈다. 무려 12년째 매해 직접 재배한 쌀을 기부하고 있어 그 의미가 더욱 크다. 기부자는 "매년 겨울이 되면 어렵게 지내는 이웃들이 생각나 지나칠 수 없다"며 "직접 농사지은 쌀로 추운 겨울 어려운 이웃들에게 도움을 줄 수 있어 기쁘다"라고 했다.

기부자들의 겸손하고 자연스러운 기부 모습은 마치 일상 속의 영웅 같다. 어려운 이웃을 위해 성실히 노력하고 행복을 나눠주는 기부 천사가 더러 있기에 그래도 세상은 아름답다.

새로운 기부문화로서 다가오는 재능 기부는 개개인이 가지고 있는 지적 재능을 나누고 공유하는 것인데, 실제로 당사자 간의 주고받는 접촉을 통한 상호 이해를 증진할 수 있다는 점에서 우리 사회의 양극화로 인한 구성원들 간의 사회적 갈등을 해소하고 사회적 통합을 위해 일조하고 있다고 볼 수 있다.

'나눔이 곧 행복이다.'라는 가치 하에 기부의 필요성과 긍정적 효과에 대한 사회적·개인적 인식 제고를 위한 준비로 나눔에 대한 교육과정이 절실히 필요하고, 이를 위해 기부의 생활화를 위한 나눔 교육이 어려서부터 성인에 이르기까지 단계적으로 확대되어야 한다. 그래야 나눔이 곧 행복이라는 인식의 대전환이 이루어질 것이다.

사후불곡(死後不哭)이란 고사성어

임종대 | (사) 효창원 7위 선열 기념사업회 이사

고사성어(故事成語)는 고사에서 유래된 한자어 관용어를 말한다. '고사'란 유래가 있는 옛날의 일로 주로 전근대의 중국에서 일어난 역사적인 일을 가리키고, '성어'는 옛사람들이 만들어낸 관용어를 가리킨다.

단어 길이는 네 글자가 가장 많지만 짧으면 두 자(예 完璧)부터 길면 열두 자(예 知命者不怨天知己者不怨人)나 된다. 속담과 용법이 같으나 언어적으로 그 형태는 다른데, 고사성어는 관용 단어지만 속담은 관용 문구다. 물론 고사성어가 한문에서는 문장이 되는 경우가 많으나, 한국어 안에서는 엄연히 하나의 고사성어 전체가 한 단어처럼 쓰이고 있다.

고사성어의 상당수는 전국 시대에 생겨났다. 제자백가들이 위정자들을 상대로 유세하면서 역사적 일화를 근거로 들며 설득하는 경우가 많앗으며, 제자백가나 위정자들 본인도 온갖 극적인 사건들을 겪으며 다양한 일화들을 만들어냈다.

이 사건들이 한데 모여 관용어처럼 쓰이면서 오늘날의 고사성어 중 상당수를 이루게 되었다. 따라서 정작 금문이나 춘추 시대에 성립된 텍스트에서는 고사성어가 잘 발견되지 않는다.

운문을 맞추기 위해 한자 4글자로 이루어진 단어가 많다. 그래서 한자 4개가 모인 말이라고 해서 '사자성어(四字成語)'라고 하기도 하는데, 엄밀히 말하면 고사성어와 사자성어는 다른 것이다.

고사성어는 역사에 대한 일을 알고 있어야 정확한 의미를 알 수 있지만, 사자성어는 한자 4개만 모이 이루어진 단어라면 전부 사자성어이다. 그래서 고사성어지만 사자성어는 아닌 단어도 있고, 반대로 사자성어지만 고사성어는 아닌 단어도 있다. 고사성어의 대부분이 사자성어이긴 하지만, 그렇다고 둘이 같은 말은 결코 아니다.

다음과 같이 간략히 설명할 수 있다. 한자 성어는 한자로 이루어진 성어로 우화 등의 비유나 교훈, 그 외에 고전 문헌에서 유래한 내용을 담고 있는 말이다.

예 **당랑거철**: '사마귀가 수레에서 앞발을 들고 덤빈다'라는 뜻으로 《장자(莊子)》에 나오는 우화에서 유래되었다.

고사성어는 한자 성어 중, 옛이야기(故事)에서 유래한 의미를 함축한 말이다.

> 예 **삼고초려**: 촉한의 유비가 남양(南陽)에 은거하고 있던 제갈량의 초가로 세 번이나 찾아갔다는 '고사'에서 유래되었다.

사자성어는 한자 성어 중 한자 네 글자(四字)로 이루어진 말이다. 따라서 고사에서 유래되지 않고, 한자를 조합하여 만들어진 단어는 고사성어라고 볼 수 없다. 다음과 같은 경우를 보자.

> 예 고사성어, 주차 금지, 전보 산대, 일타쌍피, 부귀영화 등

이런 경우는 한자 성어보다 더 상위 범주인 한자어에 해당한다. '고사성어'라는 말 자체도 한자어에 해당한다. 신조어가 많지만 두세 자 정도인 한자어 중에는 오래전부터 관용적 용법으로 쓰인 표현도 많이 있다. 다만 명확한 고사나 출전이 없기에 고사성어 또는 한자 성어라고 하지 않을 뿐이다.

무엇보다도 네 글자가 아닌 고사성어[1]도 흔하다는 것을 생각하면 헷갈림을 줄일 수 있다. 이는 고사성어의 '사'가 '일 事'를 쓰지만 '숫자 四'로 많이들 착각하는 경향이 있는 것도 이유 중 하나다.

보통 중국의 역사나 신화, 문학 등에서 유래한 단어들이 많고, 현재도 중국어로 읽는다면 고사성어 그 자체가 문장인 것들도 많다. 대한민국 고유의 고사성어도 존재한다. 같은 의미이지만 중국과 대한민국에서 서로 다르게 표현하는 예도 있다.

한국에서는 속담을 한문으로 번역한 성어, 즉 한자 성어도 많다. (속담

문서 참조) 서양에서도 역시 신화, 종교, 역사 등에서 유래한 표현들이 많으며 격언, 명언으로 인용되는 경우도 자주 있다.

한자를 사용한 단어들이기에 '발음은 같지만, 뜻이 다른 한자'를 대입해서 원래의 뜻과는 다른 새로운 단어를 창조하는 것이 가능하다. 오역인 것도 많지만 제법 말이 되는 경우가 많아서 일부러 재해석하여 인용한다.

거의 관용어로 굳어져서 사용되며 사람들이 어떤 일을 보았을 때 그와 관련된 고사성어를 사용하기도 한다. (예: 오월동주인 처지가 되었다) 국내에서는 1980년대 '따개비' 한문 숙어라는 학습만화가 사자성어 전파에 큰 역할을 했다.

한국어, 중국어, 일본어, 베트남어를 배우는 외국인들이 부딪히는 한 가지 장벽이다. 위 네 언어를 배우기 어려운 언어로 만드는 요인 중 하나이자 고급 수준의 한국어, 중국어, 일본어, 베트남어를 구사하려면 넘어야 하는 벽 중 하나다.

고사성어의 뜻을 알기 위해서는 그 말이 만들어진 배경까지 알아두고 있어야 하는데, 이게 한자의 본고장인 중국의 고사에서 유래된 말들이 많기 때문. 단순히 한자를 안다고 말의 뜻을 이해할 수 있는 게 아니다 보니, 한자까지 어느 정도 능숙하게 구사하는 외국인조차도 고사성어를 능숙하게 구사하기란 또 다른 노력이 요구된다.

이는 동양권 사람들이 서양권 언어를 배울 때마다 불쑥불쑥 튀어나오는 라틴어 표현을 어려워하는 것과 비슷하다. 물론 서양권 숙어도 그 숙어가 만들어진 배경을 알아두고 있어야 알기 쉬워지는 숙어가 많다.

'다리나 부러져라!(Break a leg!)'가 '행운을 빈다(Good luck)'라는 뜻이라고는 생각하기 어려울 테니.

또한 시대가 지남에 따라 고사성어가 생명력(통용력)을 잃어버리기도 한다. 고사성어가 배경으로 하는 것은 어디까지나 옛사람들의 가치관이므로 시간이 지난 현재의 시대정신과 조화되지 않는 경우가 종종 생긴다. 그러므로 고사성어라 해서 무작정 사용하는 것도 바람직하지만은 않다. 공무원 시험에서 툭하면 등장하는데, 등장하기만 하면 오답률 톱을 찍는다.

사례로 사후불곡(死後不哭)이란 고사성어를 소개한다. '사후'란 죽은 뒤라는 의미고, '불곡'은 곡하지 말라는 뜻이다. 즉 내가 죽거든 울지 말라는 유언으로 '백호집(白湖集)'에 전한다.

임제(林悌,1549~1587)는 조선 중기의 시인으로 본관은 나주(羅州)이고 호는 백호(白湖)다. 백호는 어려서부터 기억력이 좋아 백가(百家)의 시를 하루에 천 마디씩 외우고 문장도 탁월하여 독보(獨寶)라고 일컬었다. 시재(詩才)가 놀랄 정도로 뛰어나 율곡(栗谷) 이이(李珥)는 백호를 일러 기남아(奇男兒)라고 칭찬하였다.

백호는 명산대천의 경치 좋은 곳을 찾아다니며 자연을 즐기고 시를 읊었다. 그는 말을 토하면 그대로 시가 되고, 그냥 하는 말속에도 시문이 정연하여 사람들이 놀라워했다. 그가 날마다 창루(娼樓)와 주사(酒肆)를 배회하던 중 23세에 어머니를 여의게 되었다.

이때부터 놀고 즐기던 주사에서 벗어나 글공부에 매진하였다. 호서(湖西)를 거쳐 서울로 향하는 길에 우연히 지은 시가 성운(成運)에게 전해져 그의 사사(師事)하였다. 그 후 3년간 학업에 정진하여 중용을 800 독이나 했다는 일화는 너무나 유명하다. 1576년 속리산에서 성운과 하직하고 이듬해 1577년(선조 10) 알성시에 급제하여 예조정랑을 거쳐 홍문관 지제교를 지냈다.

동서(東西) 분당으로 서로 헐뜯고 비방하고 공명을 탈취하려는 속물들의 몰골이 호방한 그의 성격에는 용납되지 않았다. 벼슬자리에서 보니 선망과 매력, 흥미와 관심이 멀어지고 환멸과 절망, 울분과 실의가 가슴 속에 사무쳤다. 백호는 10년 관직 생활 중에 인재 등용의 불합리성을 '우담(優談)' 시제에서 이렇게 적었다.

"세상에 정신 잃은 사람도 있구나/ 소를 타고 말에 짐을 싣다니/ 능력에 맞춰서 부리지 않으면서/ 모진 채찍질만 사정이 없구나!"

백호를 기인이라 하고 법도에 어긋난 사람이라고 하며 글은 취하되 멀리했던 때에 서도 병마절도사에게 임명되었다. 그는 부임하는 길에 황진이 무덤을 찾아가 시조를 한 수 지었고 술을 따랐다.

"청초 우거진 골에 자는 다 누었다/ 홍안은 어디 가고 백골만 묻혔고/ 잔 잡아 권할 리 없으니 그를 슬퍼하노라!"

임지에 도착해 보니 부임 전인데 이미 파직당하는 어처구니없는 일이 벌어졌다. 흐르는 구름 따라 성운마저 세상을 등지자 자기를 알아주는 사람이 없어, 방황하다가 39세에 고향 회진리로 돌아왔다. 재능 있고 호탕했던 백호는 사회에 대한 비판의식이 예리하여 파당이 벌이는 시대를 끌어안을 수가 없었다.

백호는 끝없이 펼쳐진 바다를 보면서 '동녘 바다에는 큰 고래 날뛰고,

서쪽 변방에는 흉악한 멧돼지가 내닫는데'라는 한마디에 큰 고래는 왜구를, 흉악한 멧돼지는 서북쪽의 여진을 염려한 애국심의 토로였다. 10여 년의 벼슬 생활에서 당파의 무리가 벌이는 쟁탈에 재능이 억압될 수밖에 없는 현실, 그는 39세의 짧은 생을 마감하면서 처자를 불러 놓고 당부했다.

"사이팔만(四夷八蠻)이 제각기 황제라 일컫는데, 유독(惟獨) 우리나라만 황제국이 못되었다. 이런 나라에 살다가는 데 더 산들 무엇 하며, 죽은들 한 할 것이 무엇이냐!" 다시 입을 열어 '내가 죽거든 곡을 하지 말라'(사후불곡)를 당부하고는 운명하였다.

제4부

새로운 삶의 시작

임춘식	'내 탓이오' 깨어나야 할 정치인
임인철	정치는 국민 속에 있어야 한다
임동준	특권 폐지 꼭 관철해야 한다
임창진	절차적 정당성이란 무엇인가?
임은정	한일 셔틀 외교 복원, 에너지협력으로 이어지길
임석희	누리호 발사 그 이후 펼쳐지는 K-우주시대
임종은	인구 절벽을 어떻게 막을 것인가?
임종니	캠프 데이비드 한미일 정상회의 의미
임성수	인류의 경전인 한경대전(韓經大典)
임호성	우리는 변해야 산다

'내 탓이오' 깨어나야 할 정치인

임춘식 | 한남대학교 명예교수, 사회학박사

청소년 시절 어른들의 손에 이끌려 성당에 다닐 때, 미사 중에 가슴을 세 번 치면서 "내 탓이요, 내 탓이요, 내 큰 탓이로소이다"라고 외며, 고백의 기도를 했던 기억이 새롭다. 요새는 이 기도문이 "제 탓이요, 제 탓이요, 저의 큰 탓이옵니다"라고 바뀌었다.

평생을 살면서 내 마음이 메마르고 외롭고 부정적인 일로 인해서 어려움에 직면할 때마다 늘 다른 사람을 보았다. 다른 사람을 탓하면서 나를 위로하곤 했다. 이제야 남 때문이 아니라 내 속에 사랑이 없었기 때문이라는 것을 알게 되었다.

좋지 않은 일이 있을 때마다 우리는 누구를 먼저 탓한다. 그래서 우리가 얻은 것은 무엇인가. 그 마음에 미움만 쌓였다. 좋은 일이 있을 때, '덕분에', 좋지 않은 일이 있을 땐 '괜히 저 때문에'라는 말로 시작한다면 따뜻한 일상이 될 수 있다. 과거의 탓, 남의 탓이라는 생각을 버릴 때 인생은 호전된다.

우리는 언젠가부터 성찰과 반성의 목소리는 듣기 힘들어졌다. 잘못을 남의 탓으로 돌리고 반목하는 시대에 살고 있다. 사회도 서로 믿지 못하는 불신 풍조가 만연되고 윤리와 도덕이 타락할 대로 타락했기 때문에 그 원인이 어디에 있는가를 살피고 해결 방도를 찾아야 할 때이다.

"어찌하여 형제의 눈 속에 든 티는 보고 내 눈 속에 들보는 깨닫지 못하느냐"(마태복음 7 ~ 3)고 한 예수 그리스도의 말씀처럼 자기 잘못은 깨닫지 못하고 남의 잘못만을 비난하는 사회 분위기에 앞장서서 반성하자는 범국가 차원의 국민운동이라도 전개해야 할 판이다. 그렇지 않고는 이 사회의 바람직한 모습은 기대할 수 없다.

오늘날 우리 사회가 하루도 조용한 날이 없을 만큼 정치 사회 모든 분야에서 혼돈과 갈등을 겪는 것은 사회에 만연된 너나 없는 '네 탓' 풍조 때문이 아닐까. 작게는 가정에서부터 지역사회, 국가에 이르기까지 모든 잘못은 오로지 '너 때문이야'라는 '네 탓 병'이 만연하고 있다.

'잘 되면 내 탓 못되면 조상 탓'이라는 고약한 속담마저 있을 정도이니 남을 탓하는 못된 폐습은 이미 어제오늘의 일이 아니다. 이 세상 나와 관련된 모든 일은 나로부터 비롯된다. 불가에서 업보(業報)를 강조함도 그 때문이요, 유가의 일체유아(一切由我) 역시 모든 일은 나로 말미암아 생긴다는 성찰의 의미일 터이다.

내 책임은 항상 그럴듯한 핑계 속에 숨어 버리고 언제나 남을 가리키는 손가락만 길게 남는다. 사람이 가장하기 어려운 말이 "내가 잘못했습

니다."라는 말이다. 이 말을 분명히 할 수 있는 사람은 신뢰와 존경을 받을만한 인격자이다

요새 정치판 보면 한심스럽다. 하물며 대통령이 자신의 미숙한 국정 운영은 부끄러워하지 않고 야당을 원망하는 데 익숙해져 있고, 야당 대표라는 사람 또한 사사건건 대통령 헐뜯기를 아이 나무라듯 즐기고 있지 않은가, 대통령이, 야당 대표가 그리하건대 장삼이사(張三李四)의 보통 사람들이야 말해 무엇하겠는가?

우리 정치인들은 특히 남의 탓들만 하고 있으니 큰일이다. 대통령이 됐든, 국회의원이 됐든, 시어머니가 됐든, 며느리가 됐든, 서로 먼저 내 탓을 인정하고 겸허하게 통회(痛悔)할 때 국가이든 가정이든 화평을 누릴 수 있다. 다 같이 한번 가슴을 치면서 소리쳐보자. "내 탓이오, 내 탓이오, 내 탓이오"라고 말이다.

여당은 야당의 탓, 야당은 여당의 탓, 정치인은 언론 탓, 언론은 정치 탓, 사장은 사원 탓, 근로자는 사용자 탓, 어른들은 젊은이 탓, 젊은 세대는 늙은 세대 탓, 자식은 부모 탓, 못난 제자는 스승 탓 등 모든 것은 나로부터 시작된다고 자신을 한 번이라도 되돌아보자.

정치적 경쟁자는 이미 청산되어야 할 적(敵)이 된 모양새다. 상대방이 집권하면 나라가 망한다는 말은 단순히 선거운동의 수사학이 아니다. 분열과 대립이 정치적 숙명이 되어 버린 한국 사회에서 사회통합은 헛된 희망처럼 보인다. 요사이 말끝마다 대통령은 카르텔, 카르텔을 말하고 있는데 아니 사법 카르텔, 기득권 카르텔은 없는지 자문자답해 보시라.

전쟁과 같은 우리 정치는 타협과 협상의 자리에 독선과 독재를 세워 놓은 것처럼 보인다. 대통령이 수시로 말한 공정과 상식과 정의가 살아 있는 정부인가. 여야는 서로 전, 현 정권 탓이라고 공격하며 싸우기만 한다. 어떤 문제가 발생하면 근본 원인과 그 구조를 밝히고 대책을 세워야 할 상황에서 엉뚱하게 서로에게 책임을 씌우기 위한 여야 간 물불 안 가리는 정쟁 때문에 국민이 피해를 봐서야 하겠는가.

문제는 이러한 한국의 극단적 대립정치가 우리 사회를 두 동강으로 분열시키고 있다는 점이다. 이제는 지지 정당이 다르거나 사회적 문제에 대한 의견이 다르면 사람들은 서로를 불편해한다. 정치적 입장이 서로 같지 않으면 말을 섞기도 싫은데 하물며 술과 식사 자리를 함께한다는 것은 어림없는 일이다.

또한, 지지하는 정당이 다르면 결혼도 꺼려질 정도로 사랑도 결코 정치적 성향의 차이를 넘지 못한다. 화목한 가족의 식탁에서도 정치 얘기로 서로 얼굴을 붉히는 일이 적지 않다. 사회를 두 동강 내는 것은 바로 정치인 것이다. 결국 정치권은 국민을 '편 가르기, 갈라치기' 하면서, 정치혐오와 국민 분열을 조장해 버렸다.

한 사람이 길을 가다가 다치는 데도 여러 가지 요인이 동시에 영향을 미친다. 그런 사실을 무시하고 정치적 반대진영에 모든 책임을 몰아 씌운 채 정죄하고 저주하는 저급한 광기(狂氣)에서 이제라도 벗어나야 한다. 어떤 일이 일어났건 사태의 모든 당사자가 각자의 자리에서 '내가 무엇을 잘못했나?', '이런 일이 되풀이되지 않게 하려면 무엇을 해야 하나'를 조목조목 치열하게 성찰하고 실천하는 게 제대로 된 사회의 모습이다.

'내 탓'과 '네 탓'은 글자로는 불과 한 획의 차이밖에 없지만, 그 품은 뜻은 별자리들 사이만큼이나 서로 멀다. 내 것과 네 것을 구별하지 못하면 내 탓과 네 탓도 구별하지 못한다. 네 탓은 물론이고 '내 탓'도 '모두 네 탓'이 된다. 이제 정치인들이 솔선하여 네 탓이 아닌 '내 탓이오'라고 깨어나야 한다.

▶ 정치인의 말은 정직해야

요즘 신문·방송에서 정치 기사를 보면 짜증부터 난다. 정치인들의 말이 너무 거칠고 천박하기 때문이다. 누가 더하고 덜하고가 없다. 여야를 막론하고 시정잡배들이 쓰는 말을 함부로 내뱉곤 한다.

말이 거칠다고 해서 상대방이 항복하는 게 아니다. 언어가 거칠고 천박하면 행동도 따라간다. 지도자라는 사람들이 사용하는 말은 국격(國格)과도 직결된다. 한국의 위상을 정치인들이 거친 말로 무너뜨리는 짓을 언제까지 지켜봐야 하나. 너무나 혼란스럽다.

요새 정치판은 대화와 타협과 협상은 없고 이전투구식 싸움만 펼쳐지고 있다. 모든 것을 흑과 백으로만 구분하는 이분법적 사고뿐이고 회색은 없고 다양성과 포용성도 없다. 모든 것이 나는 맞고 너는 틀리다. 기득권을 놓지 않으려고 줄서기에 발버둥 친다.

세계에서 유일하게 우리나라만 존재하는 '내로남불'이라는 단어도 정치권에서 탄생시켰다. 거짓이 참이 되기도 하고 참이 거짓이 되기도 하는 사회, 누구 말이 맞고 누구 말이 틀린 것인지 헷갈리는 사회가 되어버렸다. 자기 잘못은 인정하지 않고 불리하면 열성 조직원 동원과 정치

프레임으로 몰고 간다.

　자신이 하는 일은 뭐든 옳고 관대하면서 남에게는 엄격한 잣대를 들이대는 정치인들, 어디서든 남의 잘못은 예리하게 지적하면서 정작 자기 잘못에는 변명하기에 급급한 정치인들, 심지어 남에게 잘못을 덮어씌우기까지 하는 적반하장뿐이다.

　공자는 자신에게 엄하게 책망하고 남에게는 가볍게 한다면 원망을 멀리할 수 있는 것이라고 했고, 예수는 어찌하여 너는 형제의 눈 속에 있는 티끌은 보면서 제 눈 속에 들어있는 들보는 깨닫지 못하느냐 했다. 최소한 자기 잘못을 남 탓으로 돌리는 사람이 되지 말아야 한다.

　정치는 그 본질이 사납고, 위험한 세계다. 그러나 정치가 꼭 갈등의 원천이기만 한 건 아니다. 역으로 정치는 갈등 해결을 촉진하는 활동이기도 하다. 꼭 싸우기 위해 정치가 있는 게 아니다. 싸움이 있기에 정치의 역할이 필요한 것이다.

　최근 한국의 정치 언어는 지나치게 공격적이고 때로는 혐오스럽고 폭력적이다. 금도(襟度)를 벗어나고 있다. 차마 입에 담을 수 없는 살벌하고 섬뜩한 얘기들이 등장하고 있다. 상스럽고 혐오스러운 막말 행렬이 펼쳐지고 있다.

　그런데도 정치인의 막말에 대해 언론이나 고매한 정치평론가들은 상당수가 그들의 계산된 발언이라며 정치공학적 전략쯤으로 치부하고 넘어간다. 이게 어디 정치인들이 할 말인가. 어린아이나 청소년들이 배울까 걱정된다. 선진국 문턱에 들어선 한국 뉴스는 외신도 주목한다. 외신 기자들이 한국 정치인들의 언어를 자국어로 옮길 때 어떻게 표현할까 생각하니 낯이 후끈거린다.

　이제 정치인들은 신뢰부터 회복해야 한다. 그러기 위해서는 먼저 언어 순화부터 하시라. 말은 귀소본능(歸巢本能)이 있다. 법구경(法句經)에도 악담은 돌고 돌아 고통을 몰고 끝내는 나에게로 반드시 되돌아온다고 하지 않았던가.

　말은 한 사람의 입에서 나오지만 천 사람의 귀로 들어가고 만 사람의 입으로 옮겨진다. 퍼지는 속도가 코로나보다 빠르다. 정치인은 국민을 대표하는 리더다. 정치인의 언격(言格)이 곧 국격(國格)이 된다. 국가와 국민을 위해 봉사하는 정치인이 되어야 한다.

　우리 사회에서 오가는 말에 독단과 독선이 넘쳐나는 세태에 정치인들이 휘말려 들면 안 된다. 품격을 내팽개치고 어떻게 해서든 표만 챙기려고 하면 민주주의가 바로 설 수 없다. 정치는 언어적 행위임을 정치인들은 명심해야 할 것이다.

　정치인의 말은 반드시 품격성, 공정성, 용이성, 소통성, 진정성, 정확성 등이 요구된다. △비속어나 욕설, 모욕, 갑질, 새빨간 거짓말 등 저속한 표현을 하는가 △상대의 말을 정확히 듣는가 △실천 가능성이 보이는 주장을 하는가 △상황에 맞는 어휘를 사용하는가 등이다. 아무리 정확하고 논리적이고 설득력이 있어도 진정성이 없다면 헛소리가 된다.

　정치는 국민의 믿음을 얻는 것(民信)이 가장 중요하다. 국민에게 믿음을 얻지 못하면 나라는 설 수가 없게 된다. 무신불립(無信不立), 그러니까 아무리 훌륭한 정책이나 정치도 국민의 신뢰를 얻지 못한다면 허사가 된다. 그래서 신뢰가 정치의 으뜸 덕목이다. 비단 정치뿐만 아니라 우리의 대인관계도 믿음이 가는 사람이 되어야 하고 스포츠에서도 믿음이 가는 선수가 되어야 한다.

중국 당나라 때 관료를 발탁하던 네 가지 기준인 '신언서판'(身言書判)이라는 말이 있다. 즉 용모가 준수하고, 말을 잘하고, 글을 잘 쓰고, 판단력이 정확하다는 정도의 의미일 것이다.

또 다산 정약용이 강진에 유배됐을 때 살던 집이 '사의재'(四宜齋)다. '네 가지를 마땅히 해야 하는 곳'이라는 의미이다. 생각은 담백해야 하고, 용모는 엄숙해야 하고, 말은 참아야 하고, 행동은 진중해야 한다는 것이다.

신언서판과 사의재에는 모두 '말'이 포함되어 있다. 말의 중요성은 옛날이나 지금이나 다르지 않다. 특히 정치인은 말을 잘해야 한다. 정치는 말로 하는 것이기 때문이다. 정치인의 말은 진실을 담아야 하고 정직해야 한다.

정치는 국민 속에 있어야 한다

임인철 | 전 전라남도 도의원

　우리 집은 상가가 즐비한 골목길 안에 있다. 상가 주변 거리에 나가면 극단적인 표현과 선동적 표현의 현수막이 즐비하게 걸려있다. 특히 정치 집단의 현수막은 한편의 표현이 강하면 다른 한편의 표현은 더 강하게 내 달린다. 너무나 짜증스럽다.
　정치가는 정치적 목적을 위해 필요하다고 생각하면 선동하거나 극단적 표현을 사용하는 것은 어느 면에서 이해도 된다. 선동적 표현은 자신이 원하는 정치적 목적을 달성하는 데 도움이 되게 하려는 것이기 때문일 것이다. 하지만 극단적인 표현은 자신의 상황인식보다 더 강하게 인식시키거나 자신을 합리화하기 위한 수단으로 사용되다 보면 도를 넘는 지점에 다다른다.
　문제는 이러한 정치권의 선동적 인식이 사회의 전반에 영향을 끼친다는 점이다. 표현이 논리 안에서 선동적이라면 국민은 이해할 수 있다. 나아가서 선동의 표현이 문제를 해결하려는 대안이라면 '동의'의 시선도 있을 수 있다.

선동적인 표현이 비난과 상대를 탓하는 데에서 그친다면 공허한 선동적 표현이 될 것이다. 선동의 역사는 히틀러(Adolf Hitler, 1989~1945)까지로 올라간다. 그들은 탈진실만의 선동이었다.

당시 나치 독일은 유대인 말살 정책을 펼쳐 많은 유대인을 학살했으며 위안부 운영, 생체 실험과 같은 잔혹한 행위를 일삼았다. 수십 년이 지난 지금까지도 독일인들은 기회가 있을 때마다 자신들의 잘못에 대해 사과하고 있지만 그 상처가 너무 깊어 피해자들의 아픔은 쉽게 치유되지 못하고 있다.

실제로 스탈린은 자신의 선동적 언어가 증오와 혐오로 올 거라는 것을 예측하기도 했다. 그가 추구하는 것은 미래가 아니라 현실, 당장 지지를 받는 것에 관심이 컸다. 우리의 현실을 살피면 히틀러의 '탈진실'에 학습이 필요하다.

정치권의 혼란은 또 다른 사회 전반에 영향을 끼친다. 정치의 선동은 각종 언론과 공연까지의 연장으로 파급된다. 이 같은 선동의 결과는 그 사회의 듣는 귀와 입이 선동적인 표현에 익숙해지기 때문이다.

최근엔 연예인의 공연이 음란적 표현이 도를 넘는다고 학생 학부모 인권 보호 연대(학인연)가 고발한 사건이 있다. 학인연은 "모 대학에서 대중이 다 볼 수 있는 공공장소에서 음악과 전혀 연관성이 없는 음란행위를 했다"라며 "학부모단체가 고발하는 걸 나쁘게 보는 것 같아 유감스럽다"라며 "학부모의 입장을 떠나서 행위의 불법성은 공연음란죄에 해당한다고 인식하고 있다"라고 말했다.

이러한 무질서의 상황은 어느 곳의 잘못이라고 지적하기에는 너무 멀리 와 있다. 하지만 정치지도자들의 선동적 표현은 국민 전반에 영향을 미친다는 것에 공감이 필요하다.

표현의 자유란 원래 불편한 것임에도 법과 제도 사회적 관용을 통해 보호받아야 한다는 논리도 있다. 그러나 공교육을 제공하는 표현의 자유에 대한 학부모 학생이 이해하지 못하는 부분이 있다면 그것은 공동체의 사회가 무너지는 소리다. 절대 어기지 말아야 하는 도덕과 규범이 무너진다는 것이다.

늦었다고 생각하는 시간이 기회라는 말이 있다. 정치권의 극단적인 표현과 선동적인 표현은 낮은 표현으로 침착이 필요하다. 현수막은 공공의 이익을 알리는 것에 의의가 크다. 마구잡이식 집단의 이익과 선동의 현수막은 국민의 혐오를 조장한다는 인식을 가져야 한다.

언어를 아끼는 지도자만이 참된 지도자라는 것이 국민의 마음 깊이에 있다는 사실도 인식했으면 한다.

어쨌든 국민의 혈세로 국민에게 민폐를 끼치고 있는 정당 현수막 난립은 가히 공해라 할 만큼 국민의 원성을 사고 있다.

요새 여야가 민생은 안중에 없이 사생결단식으로 정쟁만 벌이는 것이 바로 국민이 정치를 싫어하는 비호감의 주요 원인이 되고 있다. 그중 하나가 바로 국민 후원금이나 국고 보조금으로 사방 곳곳에 입에 담기조차 민망한 내용으로 무질서하게 내걸리는 정당 현수막이다.

다행히 요새 국민의힘 원내대표가 국민 민폐나 다름없는 정당 현수막 난립과 관련, "법 개정 부분에 대해 민주당과 긍정적으로 협상해 보겠다"라고 밝힌 것은 만시지탄의 감은 있지만 매우 다행스러운 일로 환영할만하다.

민주당 역시 "주력하는 민생과 경제 이슈가 국민에게 홍보될 수 있도록 할 예정"이라며 현수막 문구 조정 의사를 밝힌 것은 그나마 긍정적이라 생각되며 나아가 난립을 막기 위한 법 개정 협의에도 적극적으로 임함이 옳다고 생각된다. 이는 시급하게 개선해야 할 현 정치의 바로 민생 현안이 아닐 수 없다.

정당 명의의 현수막을 수량, 규격, 장소 제한 없이 걸 수 있게 개정된 옥외광고물법이 2022년 12월 시행된 후 전국 곳곳이 현수막 공해로 몸살을 앓아온 것이 사실이다.

특히 통행량이 많은 도로의 건널목 주변 가로수나 전신주 사이에 울긋불긋한 색깔과 아이들 보기에도 민망할 정도로 원색적 표현의 현수막이 삼중 사중으로 걸려 시야를 방해하며 정치 혐오를 부추겨왔다.

일반 시민의 처지에서 의도치 않게 매일 볼 수밖에 없는 현수막이 불편하기 짝이 없고, 현수막에 적혀 있는 정치적 문구와 선전·선동성 문구도 도시풍경에 매우 거북하게 느껴질 뿐만 아니라 생활에도 방해돼 국민의 미간을 찌푸리게 하고 있다.

비단 정당 현수막 문제는 어제오늘의 일이 아니다. 작금에 임계점에 다다르고 있을 뿐만 아니라 내년 총선이 가까워지면 가까워질수록 정당 현수막으로 인한 국민의 고통은 더욱 심해질 지경이다.

정책과 민생을 빙자한 비난·비방성 혐오의 현수막은 이제 즉각 사라져야 한다. 이것이야말로 우리 정치를 불신의 늪으로 밀어 넣는 공적으로 퇴출할 1호가 아닌가 싶다.

이렇듯 눈살을 찌푸리게 하는 현수막 비용은 대부분 국민 후원금이나 국고 보조금이다. 현수막이 신호등을 가리고 보행자가 줄에 걸려 다치는 사례도 있었다. 모처럼 여당의 정쟁성 현수막 철거방침에 야당도 흔쾌히 동참해 이번 기회에 거리에서 만나는 짜증이 나는 정치성 현수막이 완전히 사라지길 기대해 본다.

아울러 여야는 국민 속으로 한 걸음 더 다가서는 민생 현장으로 찾아가 더욱 가까이에서 국민의 목소리를 경청하며 더욱 낮은 자세로 국민과 소통하고 항상 겸허한 모습으로 오직 국민만을 바라보는 정치를 해야 한다. 정치는 국민 속에 있어야 한다.

특권 폐지 꼭 관철해야 한다

임동준 | 사)국민기자협회 이사장

우리는 북유럽 정치인들이 자전거를 타고 출퇴근하는 모습을 보았을 것이다. 보좌관 한 명을 데리고 도서관을 찾아 입법 준비하기 위하여 햄버거로 한 끼를 때우는 장면을 보았을 것이다. 북유럽은 제도의 선진국이다. 늘 하늘은 어둡고 햇볕은 없지만, 그들은 제도를 만들어 국민을 행복하게 하고 회색빛 하늘에서 연유되는 국민의 불행을 막아 준다.

지금 한국은 이념·지역·계층·노사·세대·빈부·성별 간의 갈등이 증폭되는 양극화 현상이 심화하고 있는 것도 문제이지만, 더 큰 문제는 간디가 말했던 7가지 악덕(惡德)이 일반화되고 있어야 한다.

철학 없는 정치, 도덕 없는 경제, 노동 없는 부(富), 인격 없는 교육, 인간성 없는 과학, 윤리 없는 쾌락, 헌신 없는 종교는 현재를 살아가는 우리에게 보내는 경고다. 당연히 모범을 보여야 할 지도층의 '직위에 따른 도덕적 의무'는 미담으로나 들려오고 있다.

그 반대 현상인 권력을 가진 자들의 특권은 체면도 미안함도 없이 당연한 것으로 받아들여지고 있다. 이 사회를 병들게 하고 우리를 주저앉게 만드는 저 7가지 악덕은 어디에서 시작되는 것일까? 그 첫 번째 원인은 정치인 등 권력을 가진 자들의 특권이다. 특권의식에 젖은 자들은 반칙을 쉽게 하고 공정을 해친다. 입법・행정・사법의 분권을 '민주주의의 꽃'인 삼권분립제도라고 말한다. 원래 권력은 부패하기 마련이다.

영국의 존 엑튼 경은 "인간은 권력이 느는 만큼 도덕심은 약해진다."라는 지적하였다. 언론, 제4부의 역할이 중차대한 이유이다. 정치적 의미에서의 삼권을 입법・행정・사법이라 한다면, 과연 인간 세상의 삼권은 무엇일까?

필자는 '권력・명예・금력'을 세속의 삼권으로 본다. 수많은 인간의 욕심 중 가장 큰 욕심이 바로 이 세 개여서 그렇다. 세상 사람들은 이 3가지를 쫓은 불나방 같은 속성을 가지고 있다. 세상 사람들은 이 새 가지를 쟁취하기 위해 온갖 수단과 방법을 가리지 않는다. 그렇게 해서 하나라도 가진 사람들에게 향하는 세인들의 부러움이 하늘을 찌른다. 그러나 누군가가 이 세 개 중 하나 이상을 가질 때 문제가 되는 것이 세상 이치다.

'힘과 이름과 돈'까지 함께 가지면 안 된다는 말이다. 권력을 가진 사람은 돈을 가지려고 하고, 돈을 가진 사람은 권력을 가져 돈을 더 가지려 하고, 돈과 권력을 가진 사람은 명예까지 욕심을 낸다. 그렇게 부정하고 불공정한 방법으로 한 사람이 세 개를 다 가지게 되면 세상은 다시 불공정하고 불공평한 일이 판을 치게 된다. 세 개를 다 가진 사람이 공정하고 공평하게 권력을 행사하는 경우는 인류 역사를 통틀어 거의 없다.

간디가 지적하는 7가지 악덕도 다 한 사람이 세상 사람들이 가지고자 하는 욕심을 독식하고자 하는 데서 발생하는 것이다. 저는 '세속의 삼권'이 얼마나 잘 분리돼 있는지를 한 국가의 사회 선진도와 도덕성을 판단하는 기준으로 삼는다.

북구라파는 제도를 잘 창안하여 경제와 교육의 선진국이 되었다. 반면 영국은 오랜 기간에 걸쳐 민주주의를 꽃피운 정치의 선진국이다. 영국 사회는 '세속의 삼권분립'이 철저하게 되어 있다.

정치인은 권력만 있을 뿐 돈과 명예는 없다. 재벌은 돈이 있을 뿐 권력과 명예를 탐하지 않는다. 영국 교수들은 명예만 있을 뿐 돈도 권력도 없고 욕심을 내지도 않는다. 영국인들은 욕심이 없어서 그런지 한 개를 가진 사람이 다른 한 개를 가지려고 하지도 않고 그걸 가진 사람을 부러워하지도 않는다.

영국의 하원의원은 의회 말고 현실 속에서는 권력이 없다. 장관은 여당이 결정한 정책의 방향만 부서에 제시할 뿐 실질적인 세부 실행 사항에는 영향력을 미치지 못한다. 각종 외부 전문가들에 의한 독립적인 정책자문위원회가 모든 정부 부서 내 정책 결정 단계에 존재해 정치인 장관의 권력이 철저하게 견제되고 있다.

사정이 이래서 사업에 도움을 받으려고 하원의원과 골프를 치거나 밥을 같이 먹거나 검은돈을 주었다는 말은 거의 없다. 지역구 관내 모든 민원 사항은 시의원이 전권을 가지고 있다. 한국과는 달리 하원의원을 지방자치단체 의원에 대한 추천권마저 없다.

영국 하원의원은 6,800만 명 인구에 650명이니 의원 한 명이 10만여 명을 대표한다. 유권자들도 그런 사정을 알아 지역구 의원에게 잘 보여도 도움을 받을 일이 없기에 전혀 친교를 하려고 하지 않는다. 물론 두려움도 느끼지 않는다.

한국과는 달리 영국 하원의원은 장관급 예우는커녕, 관용차마저도 없고 운전기사도 없다. 의원 세비는 8만 2천 파운드, 1억 3,000만 원에 불과하다. 의원이 하는 일은 민원인의 애로 사항을 담은 편지를 담당 공무원에게 써주는 일 정도다. 선거철 지역구 사무실에 가보면 회사에 개인 휴가를 내고 도시락을 두 개씩 싸 와서 봉사하는 많은 사람을 볼 수가 있다. 이들 중 다수가 의원으로부터 민원 해결 신세를 진 유권자들이다.

영국 하원의원들의 삶은 매우 고달프다. 의원들은 자신들을 '육체노동자'라고 자학하면서도 웃는다. 영국에는 정치교수(polyfessor)도 없다. 일부 스타 교수를 빼면 연봉이 정말 적다. 학과장급 정교수가 1억 4천만 원, 부교수가 1억 원, 조교수는 5천 6백만 원 정도다.

교수들은 대학에서 학문연구와 학생들을 가르치는 일을 즐거움으로 삼아 세인들의 존경을 받는다. 명예만으로 권력과 돈과는 거리가 먼 사람들이다. 한때 신권을 누렸던 성직자들은 이제 명예만 가진 초라한 자리로 물러난 지 오래다. 아주 소수만 상원의 말석을 차지하고 있다.

일요일에 교회나 성당에 나오는 인구는 5%도 안 되는 약 250만 명 정도다. 영국의 성직자들은 더 이상 권력의 중심도 아니고 돈이 있는 직업도 아니다. 성직자들은 겨우 명예만 유지하고 있다.

영국인들은 재벌이나 부자를 부러워할지언정 존경하거나 두려워하지는 않는다. 재벌이 정치를 하는 경우는 별로 없고, 권력 근처에 기생하는 경우도 없다. 단지 자신이 지지하는 정당에 공식적으로 기부해서 가끔 공식 행사에 초대받는 정도이다. 사회적 비난받는 악덕 기업주라면 정당에서 기부받지도 않는다.

영국 재벌 후손들이 직접 경영에 참여하는 예도 극히 드물다. 후손들은 주주로서 배당금만 받을 뿐 직접 경영에는 참여하지 않는다. 그들의 직업은 바로 자선과 문화사업이다. "왜 경영에 참여하지 않는가?"라는 질문에, "왜 그 골치 아픈 경영에 참여하느냐, 나는 이 재미있고 보람된 자선사업과 문화사업만도 매일 너무 바쁘다."라고 답변한다.

'은수저'를 입에 물고 태어난 영국 왕족과 귀족들도 한때는 '세속 삼권'을 다 갖고 있었다. 이제는 명예와 부만 손에 남았다. 하는 일은 오로지 '자선'사업이다. 여왕도 자선활동이 주로 하는 일이다. 귀족들은 부동산 투자로 먹고산다. 가능한 일반인과 경쟁을 피한다.

'세속 삼권'을 가진 귀족들이 일반인의 삶의 기반인 상업, 서비스업, 제조업 같은 직접적인 경제활동에 참여하면 불공정 경쟁이 되기 때문이다. '힘과 돈과 명예'를 가진 귀족이 물건을 만들고 파는 경제활동에 참여하면 누구도 감히 경쟁이 안 되니, 영국 귀족들은 지금도 자신들이 가진 것만으로 삶을 영위한다.

물론 영국 사회에도 명예와 돈을 가진 전통적인 직업들이 있다. 바로 의사, 변호사 같은 전문 직업인들이다. 그러나 현대에 들어와 변호사는 더 이상 존경받지 못하고 있다.

반면 의사는 아직 존경받긴 하지만, 국가 의료보험 제도로 인해 거의 공무원 수준의 돈만 번다. 일반인보다 연봉이 두 배 정도 많긴 하지만, 1억 3,000만 원 정도다. 영국 물가를 생각하면 엄청난 박봉이다. 영국 사회에서 한 개 이상의 세속 권력을 가진 직업이 거의 없다.

누구도 특별한 사람이 없고 모두가 평범한 직업을 가진 평범한 사람들의 사회라는 말이다. 그런 평범한 사회에서는 다른 평범한 사람들에게 특권을 부릴 일도 없고 부당한 일을 행할 수도 없다. 한국 사회에는 두 개도 모자라 세 개까지 다 가지려고 한다. 욕심을 다 채워야 소화가 되는 모양이다.

한국 사회 선진사회로 가려면 과도한 욕심을 버리고 타인을 배려하여야 한다. 윤석열 정부는 '공정과 상식'의 사회를 만들겠다고 해놓고 정치의 순리를 너무 모르는 것 같다. 공정과 상식 말로 되는 것이 아니다. 기득권을 다 내려놓아야 한다. 어느 일부 계층이라도 특권이 있는 사회는 공정과 상식의 세상을 열 수가 없다. 개인사업도 윤석열 대통령식으로 하면 오래가지 못한다.

하물며 입법을 담당하는 국회의원은 특권의 황제 수준이다. 모든 것을 다 누리고 있으며, 국민을 위한 정치보다 자신을 위한 정치를 하는 현실, 본연의 임무에는 관심이 없고 잿밥에만 눈이 어두운 눈꼴사나운 광경이다. 또, 지방자치 단체장들도 매일반이다.

사법부는 어떻습니까? 그렇게도 무소불위의 끗발을 누리다가, 퇴직하면 '전관예우'를 받으며, 화려한 삶을 살고 있다. 이래서는 절대로 한국은 선진국이 될 수도 없고, 화합과 포용의 세상을 만들 수도 없고, 공정과 상식의 나라를 만들 수도 없다.

　국회의원과 고위공직자부터 특권을 내려놓으면 특권과 반칙을 버리는 도미노 현상이 일어나지 않을까 싶다. 국회의원과 고위공직자 특권이 폐지되어야만 희망의 대한민국으로 가는 지름길이자 주춧돌이 되리라 생각하며, 하루속히 특권 없는 사회가 되어야 우리의 미래가 있다.

　필자도 함께하고 있지만, 평생 순수운동을 하며 영혼이 맑은 정치평론가 장기표 선생을 비롯한 특권 폐지 운동을 전개하고 있는 분들께 경의를 표한다. 이번 기회에 국회의원이나 고위공직자 특권을 폐지하고 전관예우도 척결해 선진 대한민국의 건강한 세상을 만들어 가길 학수고대한다.

절차적 정당성이란 무엇인가?

임창진 | 통일희망열차국민운동 사무국장

필자가 지난 2018년 6.13지방선거에 모정당의 무안군수 후보로 출마했다가 소위 공당이라는 정당들이 행하고 있던 기준도 원칙도 없는 비민주적, 비인간적 부당한 갑질 전략 공천 작태를 언론과 유권자들께 고발하고 탈당하여 무소속 출마를 선언하고 행동에 옮긴 적이 있다.

당시 무안군수 후보자 공모를 지난 3월 29일 2명의 신청으로 마감하였다. 단수라면 몰라도 2명의 복수 후보가 있었음에도 전략 공천을 위한 후보를 탐색하다 4월 5일 추가 지원자 없이 2차 공모까지 마감하였다.

추가지원 후보가 없자 도당에서는 2명의 후보로 경선을 시행한다는 말만 하고, 지역위원장 본인은 공천에 관여하지 않는다며 입후보자들을 속이고, 내적으로는 전략 공천을 지속해서 모색하는 이중 행동을 펼치다 4월 19일 3차 공모까지 마감하였다.

그래도 추가 후보가 없자 2명의 후보로 경선한다는 원칙을 한 달이 넘게 고수하고, 지역위원장이 비당원이었던 사람을 전격 입당시켜 전략적으로 공천하는 과정에서 너무나 많은 관여 정황들이 적나라하게 드러나는 권모술수를 보며 지역위원장의 인간적 자질을 의심했다.

필자는 80년대 전남대 재학시절에 독재정권에 항거하는 민주화 투쟁에 동참하여 학창 시절을 보냈다. 이에 모정당의 독재적 부당한 공천행위에 대해 민주화 투쟁을 선언한 것이다.

필자가 이러한 이야기를 하는 것은 절차적 정당성이나 민주적, 공정성 등은 우리 인간이 살아가는 데 귀중한 가치를 지니고 정의롭고 정당하게 살아가는 것이 인간의 삶의 가치이기도 하다고 생각하기 때문이다. 하물며 피를 나눈 형제 종친 간의 공동체적 삶에서도 그 가치의 중요성은 더욱 공정하고 정의롭게 지켜져야 한다.

사회학에서 '절차적 정당성(正當性)'이란 용어를 사용한다. 절차적 정의라고도 불리는 이 말은 실질적 정당성과 함께 사회정의 이루는데 있어서 필수적인 요소다. 사회적 쟁점을 해결하기 위해선 이 두 가지 정당성이 갖춰져야 한다는 것이다. 구체적으로 절차적 정당성은 문제나 갈등 해결 과정에서 사회구성원이 공정하고 공평하다고 느끼는 규칙의 준수를 의미한다.

실질적 정당성은 문제나 갈등 해결의 결과가 형평성 있고 공정해야 한다는 것이다. 절차적 정당성은 '수단', 실질적 정당성은 '목적'에 해당할 수 있다. 이 두 가지 정당성이 잘 굴러가는 사회가 진정한 민주주의 사회다. 아무리 좋은 목적이 있더라도 수단이 바르지 못하면 사회정의와 쟁점은 해결할 수 없다는 의미가 있다.

우리 사회에서는 절차적 정당성이 제대로 지켜지지 않는 경우가 너무 자주 생긴다. 요새 국민의힘이 총선 대비 카드로 꺼낸 '메가 서울 프로젝트'에 참여를 희망하는 도시들이 잇따라 등장하고 있다. 경기도 김포시에 이어 구리시, 하남시, 안양시 등도 서울시로의 편입을 요구하며 논의에 들어가는 모습이다. 하지만 곳곳에서 절차적 정당성이 없는 모습이 나온다.

예를 들어, 구리시는 최근 지역발전에 도움이 될 수 있는 방향으로 서울시로의 편입에 적극적으로 동참하겠다고 밝혔다. 그렇지만 구리시는 개발제한구역, 상수원보호구역, 군사 보호지역, 수도권정비계획법에 따른 과밀억제권역 등 중첩규제로 도시 개발이 억제됐다. 그리고 "서울시로 편입되면 교통망 확충이나 자산가치 변동, 한강 변 개발사업 등 도시 발전에 도움이 되는 부분도 있을 것으로 예상된다.

그렇지만 전문가들은 실현되기 쉽지 않은 정책이라고 입을 모은다. 지금으로써는 단발성 이벤트로 전락할 공산이 크다는 추측이다. 주민 의견 일치 여부나 지방자치단체 간 의견 충돌이 예고되고, 사업 승인이 나더라도 가시화까지 오랜 기간이 걸리는 만큼 당장 주택시장에 미치는 영향도 제한적일 것이다

이처럼 중대한 문제를 국회 내에서 제대로 된 논의나 토의도 없이, 국민의 의사를 충분히 들어 보지도 않은 채 밀어붙인 것은 주권자인 국민을 무시하는 오만이라고 하지 않을 수 없다.

아무리 목적이나 결과가 좋아도 그 절차가 즉 과정이 정당하지 않으면 그것은 모래위에 쌓은 성에 불과하다. 그리고 그 피해와 혼란은 고스란히 그 사회 구성원에게 돌아간다. 부디 여권과 정부, 어떤 사회든 단체든 목적을 가지고 업무를 처리하는 과정에서 리더와 구성원들은 이런 절차적 정당성의 중요성을 반드시 인식하고 매사에 임했으면 한다.

선출된 권력은 민주적 정당성을 내세우며, 임명된 권력에 대해 민주적 통제를 요구한다. "국회가 우습냐?", "일개 장관 후보자가"라는 말은 국민이 직접 뽑은 선출된 권력의 민주적 정당성 우위의 사고에서 나오는 것이다. 임명된 권력에 대한 민주적 통제는 당연하다. 그러나 선출된 권력의 임명된 권력에 대한 민주적 통제는 호통 소리가 아니라 법절차에 따라 이루어지는 것이다.

선출된 권력이 자신들의 권력을 시원적(始原的)이라고 착각하게 되면 모든 국가권력에 대해 복종을 요구하게 된다. 선출된 권력의 권력은 주권자, 곧 근원적이고 시원적인 권력자인 국민으로부터 부여받은 것이다.

국민은 선출된 권력에 대해 권력을 부여하면서 동시에 법치적 통제 하에 있을 것을 명령하고 있다. 그러기에 국민이 선출한 대통령이나 입법부도 법치적 통제에서 벗어날 수 없으며, 법치적 통제에서 벗어나는 순간 선출된 권력으로서의 민주적 정당성도 사라지게 된다.

입법의 민주적 정당성은 실체적 정당성과 절차적 정당성 모두에 있어 민주적 정당성을 갖추어야 한다. 직접민주주의가 아닌 대의제하에서의 입법은 충분한 논의와 토의, 공론의 수렴 과정을 통해 공동체의 이익을 최대한 실현이 가능하게 하는 방향으로 이끈다는 점에 그 민주적 정당성의 근거가 있다.

그와 같은 과정과 방향성이 없다면 입법의 민주적 정당성은 담보되지 않는다. 다수결은 그 결론에 이르는 과정이 민주적일 때 민주주의 원리에 부합하는 것이다. 또한 국가나 사회단체에서 불법적이거나 정당하지 못한 업무처리로 어떤 결과가 나왔다면 그 결과가 어떠하든 부당한 행위에서의 산물이며, 실체적·절차적 정당성 모두에 있어 민주적 정당성이 없는 결과라고 하지 않을 수 없다.

국회의 입법권은 위인입법(爲人立法)이 아닌 위민입법(爲民立法)을 위해 존재하는 것이다. 그런면에서 국가가 아닌 사회나 단체 역시 그 단체의 구성원을 위한 규정, 규약을 마련해야 한다. 주권자인 국민의 반대 여론이 높고, 국민만 피해를 볼 것이라고 함에도 사회나 단체의 구성원의 피해가 있다고 하는데 이를 무시하거나 한다면 그로 인한 책임은 오롯이 무시한 사람에게 있는 것이다.

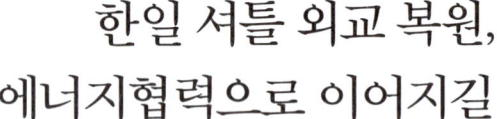

한일 셔틀 외교 복원,
에너지협력으로 이어지길

임은정 | 국립공주대학교 국제학부 교수, 국제학박사

윤석열 대통령과 일본의 기시다 후미오 총리 간 한일 정상회담이 양자 단독 회담으로는 12년 만에 열려 국내외로부터 많은 주목을 받았다. 양자 정상회담의 성과를 두고서 국내에서는 여러 공방이 끊이지 않고 있지만 무엇보다 양국 정상이 셔틀 외교 복원에 합의한 만큼 앞으로 두 이웃 국가 간에 여러 의제가 차근차근 논의되면서 미래지향적인 협력체제가 구축되기를 바라마지 않는다.

앞으로 한국과 일본이 협력의 의제를 논의하는 데 있어서 에너지 및 기후변화 대응 분야의 협력도 적극적으로 추진하기를 주문한다. 한국과 일본은 이 분야에서 서로 고민과 과제가 매우 비슷하여 함께 힘을 합친다면 공통의 이익을 증진할 수 있으리라 기대되기 때문이다.

첫째, 한국과 일본은 부존자원이 전혀 없다시피 해 제조업을 기본으로 하여 수출을 통해 국부를 키워왔기에 에너지 수급의 구조가 매우 흡사하다.

둘째, 두 나라 모두 지리적으로 섬 구조이다 보니 자원의 조달을 모두 해상수송에 의존하고 있다는 점도 유사하다.

셋째, 두 나라 모두 초고령사회, 낮은 출생률, 인구 감소, 1인 가구 증가, 지방 소멸과 같은 인구 및 사회 구조적인 측면에서의 공통된 과제를 공유한다. 이렇게 두 나라가 구조적으로 유사한 부분이 많아서 에너지 및 기후변화 대응 정책을 꾸려나가는 데 있어 고민도 비슷할 수밖에 없다.

무엇보다 두 나라가 시급하게 해결해야 하는 문제 중 하나는 생산을 위해 사용하는 화석연료를 줄여야 한다는 것이다. 한국은 2021년 기준으로 발전량의 34.3%를 석탄에, 29.2%를 가스에 의존했다. 일본도 발전량의 80% 가까이 석탄과 가스에 의존하고 있다.

그런데 두 나라 모두 국제적으로 '2050 탄소중립'을 실현하겠다는 목표를 내걸고 이것을 국내적으로도 법제화하고 있다. 그런 만큼 발전 부문의 탈탄소화는 두 나라에 매우 시급한 과제다. 이는 결국 원자력과 재생에너지 같은 저탄소 전력원을 늘려가는 길밖에 없다.

이런 도전적인 목표를 달성하기 위해서는 전력 계통이나 저장장치 기술의 혁신과 발전이 함께 뒷받침되어야 한다. 사정이 이렇다 보니 석탄보다는 유해 대기오염물질 배출이 적은 천연가스 의존도가 당분간은 쉽게 줄어들지 못할 것이다.

그런데 지난해 러시아의 우크라이나 침공으로 전쟁이 발발하고 연료 가격의 변동 폭이 커지면서 가스의 안정적인 공급에 대한 우려도 계속해서 제기되는 상황이다. 한국과 일본은 소위 '아시아 프리미엄'을 지불하며 다른 지역들보다 높은 가격으로 가스를 매입해 왔고, 동맹국인 미국산 LNG도 가장 많이 수입한 나라들이다.

그런데 전쟁 상황으로 인해 탈 러시아산 가스를 추구하는 유럽 국가들마저 미국산 LNG 수입을 크게 늘리면서 가스를 둘러싼 쟁탈전이 점점 치열해지고 있다.

따라서 사정이 비슷한 한국과 일본은 앞으로 가스 도입의 다변화를 위해서 서로 협력을 도모하며 공급국에 레버리지를 키울 방안을 모색하는 데 머리를 맞댈 필요가 있다. 이런 관점에서 인도네시아 세노로 가스전 사업에서의 한국가스공사와 일본 미쓰비시상사 간에 발생한 마찰은 매우 유감이다.

그러나 여기에서 관련 논의가 멈추는 것이 아니라 과거의 실패를 반면교사 삼아 협력 방안에 관한 논의를 계속해 나갈 필요가 있다. 예를 들어 스마트 그리드나 미래형 도시, 그린수소와 암모니아 공급망 구축과 같은 분야에서도 공동 의제를 함께 발굴하고, 협업으로 활로를 개척할 수 있을 것이다.

무엇보다 이런 협력들이 가능하기 위해서는 양국 간에 신뢰를 회복하는 것이 중요하다. 두 나라의 관계가 역사적인 이유로 매우 특수한데다 양국의 에너지 시장 구조에서 차이가 있는 만큼 협력에 속도를 내기가 쉽지는 않을 수 있다.

그러나 두 나라가 가진 공통의 고민에 대한 정책적 아이디어들을 담담히 공유하면서 실질적인 시너지가 나올 만한 정책들을 발굴해 간다면 과거 프랑스와 독일이 유럽석탄철강공동체(ECSC)를 통해 유럽의 평화와 경제적 번영을 끌어냈듯이 한일관계도 지역의 평화와 번영에 이바지할 수 있을 것이다.

▶ 한일 수소 협력, 에너지협력의 견인차 되길

미국 샌프란시스코에서는 지난 15일(현지 시각)부터 2박 3일 일정으로 아시아태평양경제협력체(APEC) 정상회의가 열렸다. 이번 APEC 회의는 무엇보다 바이든 미국 대통령과 시진핑 중국 국가주석 간 미·중 정상회담이 열려 세계적인 이목이 쏠렸다.

윤석열 대통령도 중요한 일정을 소화했다. 첫날 APEC 최고경영자(CEO) 서밋에서는 기조연설을 통해 세계 경제의 연결성을 강조했고, 애플의 CEO인 팀 쿡과 GM의 수석부회장과도 만났다. 그리고 일본의 기시다 후미오 총리와는 이틀 연속 회동하며 양국 간 협력 의지를 거듭 다졌다.

윤 대통령과 기시다 총리가 함께 스탠퍼드대학을 찾아 좌담회에 참석한 것은 매우 흥미로운 행보였다. 이 자리에서 윤 대통령은 한·미·일 세 나라 간 첨단 분야에서의 기술협력을 강조했다.

이는 지난 8월 캠프 데이비드에서 있었던 삼국 정상회담에서 합의된 과학·기술·공학·수학(STEM) 분야에서의 공동 연구와 개발, 인적 교류 확대의 연장 선상이다. 아울러 한일 두 정상은 한일 간 협력의 잠재성이 큰 수소 분야에서의 협력을 강화하기로 했다.

한국은 수송 분야를 중심으로 발전용 연료전지까지 수소 활용 측면에서 세계 1위로 평가받고 있고, 일본은 수소와 관련된 특허를 가장 많이 보유하고 있다. 그러나 두 나라 모두 기후 및 지질 조건상 자체적으로 수소를 대량으로 생산하기에는 한계가 있다.

기후 위기 시대에 화석연료·원료로 주목받는 수소는 생산 방식에 따라 앞에 여러 색깔을 붙여서 그 특징을 표현한다. 화석연료를 개질(reforming)해 생산된 수소를 그레이수소, 그레이수소와 같은 방식으로 생산하되 생산 공정에서 발생하는 이산화탄소를 포집 및 저장해 배출량을 줄이는 방식으로 생산된 수소를 블루수소, 태양광·풍력 등 재생에너지원을 기반으로 이산화탄소를 배출하지 않으면서 물을 전기 분해하는 방식으로 생산된 수소를 그린수소, 물을 전기분해 하는 점에서 그린수소와 같지만, 그 에너지원이 원자력인 경우를 핑크 수소라고 부른다.

그런데 수소의 가장 큰 문제점 중 하나는 바로 저장 및 수송이다. 수소를 기체 상태로 수송하기에는 부피가 너무 커 액화 과정이 필요한데, 수소를 액체 상태로 만들기 위해서는 영하 253도의 극저온 상태를 유지해야 한다. 이런 난제를 해결하기 위해 주목받고 있는 것이 암모니아다. 암모니아는 질소 원자 1개와 수소 원자 3개로 결합해 있으면서 영하 33도에서 액화 처리가 가능하므로 수소를 수송·저장하는 대안으로 주목받고 있다.

일본은 아베 신조 전 총리 재임 시절인 2017년 12월에 2050년까지 수소를 주요 에너지원으로 삼는 사회를 구현하겠다는 내용의 '수소 기본 전략'을 발표한 바 있는데, 이를 올해 6월 개정하면서 수소 및 암모니아 정책을 더욱 강화했다.

지난해 1월에는 일본 가와사키중공업(KHI)이 건조한 액화수소 운반선인 '수소 프론티어'(Suiso Frontier)가 호주에서 일본으로 세계 최초로 액화수소를 운반하는 데 성공하기도 했다.

일본은 섬나라이기 때문에 해외로부터 에너지원을 수송하는 파이프라인이 갖춰져 있지 않다 보니 해상수송 기술을 발전시켜 온 이력이 있다. 일본이 한창 고도성장기 시절이던 1969년, 도쿄 가스(東京ガス)와 도쿄전력(東京電力)은 세계 최초로 발전과 가스 사업에 대한 액화천연가스(LNG)의 공동 공급 시스템을 구축하고, 미국 알래스카에서 LNG 수입을 실현한 바 있다.

한국도 일본과 마찬가지로 다른 국가와 파이프라인으로 연결된 에너지 인프라가 없어 해상수송에 의존할 수밖에 없는 데다 기후 및 지질 조건상 국내에서 자체적으로 수소를 대량 생산하기에는 한계가 있다.

결국 일본과 유사한 호주, 캐나다, 중동 등에서 유사한 경로로 수소 도입을 추진할 수밖에 없다. 이렇게 고민이 비슷한 두 나라이기 때문에 수소 공급망 구축에서 힘을 합친다면 천연가스 시장에서 이른바 '아시아 프리미엄'으로 불리는 리스크 비용을 감당했던 전력을 반복하지 않을 수도 있을 것이다.

이번에 양국 정상이 수소 협력 의지를 확인한 만큼, 정부 간이나 민간 기업 간에 더 구체적인 실현 방안을 활발하게 논의하고 적극적으로 추진해 나가야 한다.

누리호 발사
그 이후 펼쳐지는 K - 우주시대

임석희 | 한국항공우주연구원 책임연구원

　쉽게 표현하자면 로켓 - 발사체는 일종의 '탈것'이다. 우리가 물건이나 사람을 한곳에서 다른 곳으로 옮길 때 사용하는 자동차, 버스, 택시, 트럭과 같은 각종 운송 수단처럼 로켓은, 발사체는 우주 버전의 운송 수단이다.

　여기에 태우는 것이 물건이면 위성이나 탐사선이고, 사람이면 우주인이 된다. 우리가 지구에서 무엇인가를 옮길 때는 어느 한 지점으로 이동시키지만, 우주에서는 궤도라는 선으로 된 곳으로 이동시킨다.

　즉, 지구 주변의 한곳으로 옮겨진 무엇이 충분한 속도를 가지면 그 무엇인가는 어떤 고도에서 지구로 떨어지지 않고 우주의 한 궤도를 돌며 머물게 되는 것이다. 이때 지구에서 우주로 옮기는 역할을 로켓, 발사체가 하고 그래서 우리는 이를 우주수송체 혹은 우주수송선이라고 부른다.

한국항공우주연구원은 그동안 우주로 갈 수 있는 차량을 만들기 위해 노력해 왔고, 이번 주 (24일) 예정된 누리호 3차 발사를 앞두고 있다. 이미 2022년 2차 발사에서 누리호는 궤도 투입 확인용 검증위성과 초소형 위성 4기를 700㎞ 궤도에 성공적으로 투입했고, 이번 3차 발사에서는 차세대 소형위성 2호와 큐브위성 7기를 궤도에 투입한다.

즉, 누리호 1차 발사와 2차 발사가 궤도 투입 연습이었다면, 이번 누리호 3차 발사는 실제 위성을 최초로 발사하는 실전인 셈이다. 이후에도 누리호는 서너 번 더 발사가 예정되어 있다. 이를 통해 우리나라는 안정적으로 움직이는 신뢰도 높은 우주 차량을 가지게 된다.

발사 순간의 화염과 굉음이 주는 짜릿함을 많은 이들이 기억하고 있을 것이다. 이번에도 우리는 성공적인 점화와 이륙 순간에 또 궤도 투입 순간에 열광할 것이다. 그러나 좀 더 생각해 보면 로켓 발사는 발사 그 자체, 궤도 투입 그 자체 거기까지일까? 대학 입시에서 합격은 순간의 기쁨이고 이후 어떤 대학 생활을 하느냐가 더 중요한 것처럼 지난 20여 년간 몇 번의 발사를 경험하면서 필자는 점차 발사 성공 그 너머의 것에 주목하게 되었다.

우주 개발과 관련된 몇 가지 활동을 차례대로 생각해 보자. 우리는 위성을 만들고 로켓을 만들어서 일단 궤도에 올린다. 그러면 위성은 예를 들어 항법, 통신, 이미지와 같은 각종 데이터를 지구로 내려보낸다. 이 데이터는 지상에서 유의미한 정보로 가공되고 이때 우리는 최고의 부가 가치를 만들어 낼 수 있다.

일반적인 산업 생태계가 제조생산을 1차 산업, 물류를 2차 산업, 서비스를 3차 산업이라고 하듯이 위성과 발사체를 만들어서 발사를 하는 부분이 1차 산업, 위성이 우리에게 전하는 데이터들을 저장하고 배포하고 가공하는 것이 2차 산업, 마지막으로 우주 정보를 이용해서 우리 일상생활이 보다 편리해지고 보다 신속하고 정확한 정보 분석으로 부가가치가 올라가는 서비스가 3차 산업에 해당할 것이다.

특히 우주 분야에서는 위성과 발사체를 우주 공간으로 올리는 것을 업스트림 산업, 위성에서 데이터를 내려보내고 이를 가공하여 서비스를 창출하는 것을 다운스트림 산업이라고 부른다. 전자가 하드웨어에 가깝고, 후자는 소프트웨어에 가깝다.

다른 사업군들과 마찬가지로 우주산업에서도 업스트림보다 다운스트림 시장이 거의 10배 가까이 크다. 휴대폰 기기보다는 통신사업이 또 애플리케이션 시장이 훨씬 큰 것처럼 말이다.

누군가는 한정된 자원을 고려할 때 대부분의 우주 시장을 차지하는 다운스트림에만 집중하는 것이 더 효율적이라고 주장할 수도 있다. 일면 그럴 수도 있겠다. 그러나 업스트림 없는 다운스트림의 성장에는 한계가 분명하다. 내 트럭, 내 버스, 내 자동차가 없는데 어떤 물류, 어떤 여행, 어떤 서비스가 가능할 수 있겠는가. 물론 외제차를 이용할 수도 있다.

그런데 만약 내가 한참 부가가치를 올리고 있는데, 외제차를 구매할 수 없는 상황이 된다면? 이후의 전개는 독자들 상상에 맡긴다. 물론 세계 모든 나라가 자동차를 생산하지는 않는다. 하지만 자동차 생산능력이 없는 국가와 자동차 생산능력을 갖춘 대한민국의 경제 자유도를 생각해 본다면 나는 하향 평준화를 지지하고 싶지는 않다.

일단 업스트림을 갖췄을 때 비로소 다운스트림 분야의 본격적인 성장이 가능해진다. 새로운 우주시대에 다운스트림은 무수한 임무를 창조해내며 업스트림의 발전을 자극한다. 최근에는 반도체 소자기술의 발달로 위성은 과거보다 작아지고 제작 비용이 과거 대비 10~100분의 1 수준으로 낮아지면서 설령 최종 임무 완수에 실패하더라도 위험 부담이 용인할 만한 수준이 되었다.

그 덕분에 무수히 많은 도전적인 시도들이 가능해졌고 위성 제작과 운용, 데이터 활용 기술의 발전은 몇 단계씩 점프하며 도약 중이다. 지구에서 이미 사용 중이거나 검증 완료된 최신 기술들을 우주에서도 시도해보는 도전적인 사례들이 점차 증가하고 있다. 심지어는 궤도에 투입되어 잘 작동하는 위성도 위성 운용 프로그램을 고객이 원하는 대로 수정하고 업데이트하는 위성 서비스가 속속 등장하고 있다.

이런 위성을 'software defined 위성'이라고 부른다. 이 기술은 과거에도 있었다. 단지 과거에는 이런 작업이 자칫 위성 상태를 재기 불가능하게 만들 수도 있어서 얼마 전까지는 시도되지 않았을 뿐이다. 그러나 이제는 지구에서 사용해 본 기술들을 우주 버전으로 사용하는 과감한 시도를 보다 쉽게 해 볼 수 있게 되었다.

아르테미스 프로젝트로 대표되는 우주 탐사 부분까지 확대하면 탐사에 요구되는 각종 기술들을 개발하는 데 있어 더 다양한 업스트림, 다운스트림 기업이 추가되고, 그리하여 우주산업 생태계는 더욱 풍부해진다.

지금껏 생각해보지 못했던 서비스를 새로 만들어내고, 무모할 수도 있는 도전적 임무를 시도하기 위해 다운스트림이 주요 고객이 되어 보다 저렴한 우주궤도 탑승권과 보다 자주 출발하는 우주 차량을 요구하며, 심지어는 우주 공간 내 한 궤도에서 다른 궤도로 이동하는 궤도 수송을 요구하는 등 고객이 업스트림의 발전을 견인한다.

누구나 쉽게 위성을 만들어 누구나 쉽게 우주궤도에 올릴 수 있는 우주 접근의 보편화는 뉴스페이스 시대의 한 특징이다.

이렇듯 다운스트림과 업스트림의 자체 혁신, 그리고 상호 연결성으로 우주산업 생태계의 선순환 구조가 완성된다. 지난 30여 년간 대한민국 우주 역사에서 많은 사건들이 있었다.

우리나라도 무궁화 통신위성을, 저궤도 아리랑위성을, 정지궤도에는 천리안위성을 배치했고 이 위성들이 지구로 내려주는 위성 정보를 바탕으로 재난·재해와 같은 사회문제를 비롯한 여러 이슈들을 다룰 수 있게 되었다. 또 우리나라는 우주인도 배출했고 우주탐사선 다누리호를 달로 보내는 데도 성공했다.

그리고 이제 우리 발사체로 우리 위성을 우주궤도에 투입하는 실력을 보유하게 되었다. 이 과정에서 국내 우주 분야에서도 업스트림과 다운스트림 영역에 몇몇 기업들이 탄생할 수 있었다. 앞으로는 어떤 변화가 생길까?

2023년 2월 정부가 발표한 제4차 우주개발진흥기본계획에서 민간 주도 우주 개발의 기조를 읽을 수 있다. 뉴스페이스 시대에 말하는 민간 주도는 한마디로 '내돈내산'이다. 기업이 우주기술을 개발하는 데 있어 세금에 크게 의존하지 않고 민간 자체 투자를 하고 시간과 비용의 효율을 극대화하여 경쟁력을 높이는 것이 핵심이다.

국내에서는 차세대 중형 위성처럼 이미 민간에서 위성을 만들기 시작했고, 발사체와 관련해서는 최근 소형 발사체 시험발사라는 성과를 내놓는 기업들이 등장하고 있다. 국내 우주시장에서 수요자와 공급자가 점차 다각화하고 있다. 발사와 궤도 투입을 미리 경험한 한국항공우주연구원과 정부는 이들이 성장할 수 있도록 기술과 정책적인 지원사격을 하고 있다.

국내 우주 기업들이 해외시장에서도 살아남을 수 있도록 비용 경쟁력 있는 기술을 과감하게 적용하여 한 단계 더 점프하기를 희망한다. 더 나아가 위성 활용 분야와 일반 산업 분야가 융합되어 기존 산업의 가치를 상승시키는 다양한 솔루션들이 제시되길 희망한다.

그리하여 이제는 이런 솔루션을 제시하기 위해 어떤 탑재체가 어떤 조건으로 어떤 데이터를 모아야 하는지, 이를 위해 어떤 방식으로 발사하는 것이 필요한지를 요구하는 보다 고객 중심적이고 임무 중심적인 우주 개발이 정착되기를 희망한다.

위성 활용에서 요구한 소형 위성 군집 운용 방식은 우주 부품의 대량 생산 시대를 열었다. 위성이건 발사체건 양산을 하면 가격 혁신은 또 한 번 가능해진다.

그리고 저렴한 하드웨어의 사용료는 다시금 새로운 소프트웨어 활용 방식을 창조하는 등 이런 과정이 반복되며 우주 생태계는 성장한다. 모든 생태계는 순환하며 지속성을 확보한다. 우주산업 생태계 또한 순환

해야 지속 가능하다. 이는 민간 금융이 투자하여 개발하는 뉴스페이스 시대에서는 더욱 그러하다.

    누리호의 짜릿한 이륙 순간을 곧 다시 만나게 된다. 10년 넘는 시간을 바쳐 탄생한 우리의 피조물이 우주 공간을 향해 멋지게 질주하기를, 대한민국에 새로운 우주 개발 시대를 열어주기를 간절한 마음으로 기도한다.

인구 절벽을 어떻게 막을 것인가?

임종은 | 전 한국문학신문 편집국장, 시인

우리 사회에서 가장 시급하게 해결해야 할 문제는 '인구절벽'을 막는 일이라고 해도 이견이 없을 것이다. 많은 국민이 '인구절벽'에 대한 경고는 오래전부터 들어 왔으며, 사회학자를 비롯한 수많은 석학이 머리를 맞대고 연구와 대책을 만들어 내고 있으며, 정부에서도 수많은 정책을 시행하고 있는 것으로 알고 있다.

그러나 인구감소를 막고자 하는 이러한 노력에도 불구하고, 전혀 실효를 나타내지 못할 뿐 아니라 오히려 계속 감소세로 가고 있다. 2020년부터는 인구의 실질적인 감소가 시작되어 연간 약 20만 명 정도가 감소한다고 하니, 1년에 소도시가 하나씩 사라진다는 엄청난 현실 속에 우리는 살고 있다.

우리나라 출산율은 전 세계에서 최하위라고 한다. 2021년 기준 합계

출산율은 0.81 명, 2022년은 0.75 명으로 경제협력개발기구(OECD)회원국 평균 1.059 명보다 한참 낮은 수준이다. 이에 따라 정부는 저출산 대책을 위해 2006~2021년 동안 약 280조 원의 대규모 재정을 투입했음에도 불구하고 체감 효과는 낮았다는 평가를 받고 있다. 문제는 엄청난 예산을 투입하고도 '인구절벽', '인구감소' 등 심각한 현실 앞에서 우리의 위정자들은 그 위기감을 느끼지 못하고, 당쟁과 밥 그릇 싸움에만 시간을 허비하고 있으니 안타까운 일이다.

마치 임진왜란을 코앞에 두고도 당파싸움에 여념이 없었던, 조선의 사회상을 보는 듯하여 답답하다. 한편 국회에는 국가의 명운이 달린 연금·인구·기후 문제 등 급박한 현안을 처리하기 위해 '특별위원회'가 설치되어 있으나, 의원들이 다른 일정에 밀려 이들 특위가 제대로 운영되지 못해 유명무실한 활동으로 본래 취지를 살리지 못하고 있다는 비판이 거세다. '인구위기특별위원회' 역시 6대 핵심 과제를 선정하긴 하였으나 구호에 불과한 형식적인 문구를 나열해 놓은 인상을 줄 뿐 이다.

우리가 인구 절감으로 가장 두려워하는 것은, 노동력 감소와 경제성장의 둔화로 인하여 후진국 및 약소국의 길을 걷게 된다는 점을 먼저 생각하게 된다. 자본시장 싱크탱크인 자본시장연구원은 지금과 같은 저출산으로 생산 인구(만 15세~64세)의 감소와 고령화 추세가 지속된다면, 국내총생산 성장률이 2020년대 중반에는 마이너스로 돌아설 것으로 전망했다. 또 골드만삭스는 전 세계 10위권인 한국의 GNP가 2050년에는 15위권 밖으로 밀려 날 것으로 경고했다.

한편 2001년 1월 여성(가족)부가 출범한 이후 여성가족부가 이런 문제를 주도적으로 해소해 나갈 것으로 기대하였다. 그러나 20여 년이 지난 현재까지 별 효과를 보지 못하고 있어 실망할 수밖에 없다.

지금 정부에서는 저출산 정책의 하나로, 출산 양육지원금과 출산 축하금을 지급하고 있으며, 자치단체마다 각기 출산 장려금을 지급하고 있다. 또 어떤 지자체는 신혼부부 대상으로 공공임대주택 입주를 위한 임차료와 관리비를 지원하기도 하며, 산후조리원을 신설하여 운영하는 곳도 있다. 그러나 대부분 출산장려금 이외의 실질적인 지원은 극히 일부 지자체에 불과하다.

인구감소의 직접적인 원인으로는 비혼(非婚)과 저출산(低出産)이라고 분석되고 있다. 그렇다면 그 원인에 대한 해소 방안을 수립, 대통령 직속으로 실효적인 조직을 신설하여 강력히 추진해 나가야 할 것이다.

비혼과 저출산 문제에 대해서 관련기관이나 단체에서 수많은 대책과 천문학적인 예산을 쏟아부었으나 효과를 보지 못한 것은, 정확한 키워드를 찾지 못한 원인도 있다. 따라서 이에 대한 근본적이고 넓은 통찰이 필요하다.

우선 비혼의 증가는 본인의 의지나 경제적인 문제로 인해 나타나게 된다. 비혼 추세는 결혼하지 않고 자유분방한 생활을 선호하거나, 자신의 취향과 개성에 따라 살고자 하는 의지 때문이며, 다음은 현실적인 문제로 직장문제, 주택문제, 그리고 예식비용 등 경제적인 요인을 들 수 있다.

다음으로 저출산 원인 역시 직장과 주택문제가 기본 요인이지만, 여성의 경력 단절 문제, 출산과 육아 문제, 교육 문제도 큰 요인을 차지한다.

그렇다면 그 원인에 대한 해소 방안을 단계별로 찾아본다.

첫째, 젊은이의 비혼 개념에는 방송 매체의 영향도 크게 작용할 수 있다. 현재 방영되고 있는 각 매체마다 흥미 위주로 방영되는 싱글이나 돌싱들의 낭만적인 생활과 혼밥. 혼술 등의 프로그램은 독신 생활을 간접적으로 장려함으로써, 비혼을 부추기고 인구절벽 현상을 야기 시키는 제작으로 판단할 수 밖에 없다.

그래서 각종 연애 프로그램 등은 가정생활의 포근함. 따뜻함. 가족애와 보람되며 건전하고 평온한 결혼 생활의 일상등을 방영하도록 노력할 필요가 있다.

둘째, 각 지자체. 공공단체. 종교단체 등이 주축이 되어 미혼 남녀의 자연스러운 '만남의 장(미팅 이벤트)' 행사를 통해 결혼 장려 분위기에 앞장섰으면 한다. 결정은 본인들이 자율적으로 하지만 그 장(場)은 마련해 줄 필요가 있다.

셋째, 각 단체나 지자체의 시설(예식장. 사회자. 사진 촬영 등)을 무료 제공하여 결혼에 따른 비용을 최소화 할 수 있도록 지원한다.

넷째, 신혼부부 희망자에 한하여 10년∽20년의 저렴한 임대주택을 제공하거나, 저리의 전세금 대출 등 주택 관련 특혜를 제공하여 주거 문제를 지원한다.

다섯째, 여성의 경력 단절 문제 해결을 위해서는 일정 규모 이상의 직장은 직장 내 탁아시설(유치원. 어린이집) 설치 등을 지원하여 출퇴근 시 동반할 수 있도록 하고, 출산, 육아휴직, 등에 필요한 근로기준법과 사규를 정비하며, 다른 육아 시설을 원할 경우도 별도로 지원한다.

여섯째, 출산 전후의 제반 경비를 지원하고, 초등학교까지는 각종 질병. 의료비의 일정 부분을 지원한다.

이 외에도 국가적 과제인 인구절벽이라는 재앙을 방지하기 위해서는 국가, 사회, 기업 등 모두가 유기적으로 협력해야 한다. 출산, 육아, 교육 문제는 국가 차원의 실효적인 복지 대책을 마련해야 한다. 다만 수많은 대책을 추진하기 위해서는 많은 예산이 수반되어야 가능할 것이다.

이를 위해서는 우선 국가나 지방자치단체의 불요불급한 예산을 줄이고 허리띠를 졸라매는 비상한 정책적인 결단이 필요하다. 현재 정부. 지자체. 공공기관 등 국민의 세금으로 운영되는 모든 조직에서 방만하게 지출되는 예산을 축소하면 가능하다고 본다. 이와 병행하여 거시적인 계획도 수립하여 추진해야 할 것이다.

우리 사회는 수도권 집중화 현상이 가속되고 있다. 전체 인구의 50.5%가 수도권에 집중되어 있다. (서울 18.3%, 경기 26.4%, 인천 5.8%) 지방 도시는 점점 소멸되고, 학교도 해마다 없어지고 있다. 농촌에서 어린아이 울음소리를 들을 수 없다는 얘기는 오래된 말이다.

반대로 직장과 학교를 위해 수도권으로 몰리게 되니 비좁고 어려운 여건에서, 저출산. 비혼 문제는 자연스러운 현상으로 작용한다. 그래서 국가적인 결단이 필요하다는 것이다.

우선 지방 거점도시부터 살려야 한다. 현재와 같이 정부 산하기관이나, 공기업의 지방 분산 배치와 문화와 복지시설도 확충해야 한다. 특히 인구 분산에 가장 실효성이 요구되는 것은 명문 대학의 지방 이전 문제이다. 서울 명문 대학의 몇 개의 학부라도 분리하여 지방 캠퍼스를 중심으로 분교를 설치하여 인구 분산을 유도해야 한다.

또 국가 기관이나 기업에서 직원 채용 시에 학력 위주에서 벗어나야 한다. 이는 목적 없이 대도시 대학으로 몰리는 악순환과, 사회적인 인식을 변화시키고 지방도시를 살리는 방안이 되기도 한다.

그리고 사교육 부담을 줄이기 위한 교육시스템의 혁신이 필요하다. 예컨대 대학의 입학은 용이하게 하고 졸업은 어렵게 하는 선진국 시스템을 도입하는 제도를 검토할 필요가 있다. 이는 사교육을 축소하는 요인이기도 하다.

그동안 강력한 컨트롤타워의 부재로 추진 동력이 저하되고, 상호 협조 체제의 미비로 인구문제의 근본적 해결 방안의 추진이 지연되어 왔다고 본다. 우리에게는 인구문제와 안보문제가 가장 시급한 국가적 과제이다. 이제부터라도 대통령이 정점이 되어 정부의 강력한 의지와, 국회. 지자체 및 공공기관 등이 협력하여 하나씩 추진해 나간다면 반드시 인구절벽 문제를 해소할 수 있으리라 확신한다.

캠프 데이비드 한미일 정상회의 의미

임종니 | 전 국방연구원 부이사관

2023년 8월 18일 미국 메릴랜드(Maryland)주에 있는 캠프 데이비드(Camp David)에서 한국, 미국, 그리고 일본 3자 정상회의가 개최되었다. 이번 회의는 2023년 5월 히로시마 G7 정상회의에서 조 바이든(Joe R. Biden, Jr.) 대통령의 초청으로 성사되었다.

1953년 미국 드와이트 아이젠하워(Dwight Eisenhower) 대통령이 자신 손자의 이름을 따 캠프 데이비드로 명명한 이곳은 1959년 미국과 소련의 정상회담, 1978년 중동 평화협정 중재 등 냉전기의 주요한 외교적 결정이 이뤄진 곳이다. 바이든 대통령은 윤석열 대통령과 기시다 총리와의 3자 회담을 캠프 데이비드에서 개최함으로써 한미일 협력의 중요성과 상징성을 강조했었다.

이번 한미일 정상회의는 다자회의 틀 속에서 진행된 이전 회의들과 달리 한미일 3자만을 위한 첫 단독회의라는 점에서 의미가 있다.

캠프 데이비드에서 3국 정상은 한미일 정상회의 공동성명이자 협력 이행 방안을 담은 캠프 데이비드 정신(The Spirit of Camp David), 협력 원칙을 명시한 캠프 데이비드 원칙(Camp David Principles), 공동의 위협 대응 조치에 관한 한미일 협의 공약 등 3개의 공동 문건에 합의했다.

이번 한미일 정상회의에서는 3국 협력의 방안, 원칙, 범위 등이 구체적으로 논의됨으로써 협력체로서의 기틀을 마련했다. 먼저 '캠프 데이비드 원칙'은 한미일 협력에 관한 기준을 담았다.

1999년 3자 대북정책 조정 감독 그룹(TCOG), 2014년 3자 정보공유협정(TISH) 등의 과거 한미일 협력은 이번 정상회의와 달리 3국 정상 간 협력 원칙에 관한 소통과 합의가 부재했다. 이번 정상회의에서는 캠프 데이비드 원칙을 통해 3국 협력의 기준을 확립함으로써 지속성 강화의 기반을 마련했다고 볼 수 있다.

원칙의 서두에서 한미일은 인도-태평양 국가로서 공동의 규범과 가치를 바탕으로 자유롭고 열린 인도-태평양을 함께 증진함으로써 역내 평화와 안정 촉진이라는 목적을 이룰 것임을 강조했다. 협력의 범위와 의제를 세계적 차원으로 확장했다.

인도-태평양 차원에서는 아세안, 태평양 도서국, 북한, 중국, 경제, 기술 등 도전 및 기회 요인에 대한 3국의 협력 기준을 마련했다. 한미일은 협력의 최우선 순위로서 북한의 완전한 비핵화 공약의 원칙을 명시했다. 3국 정상은 북한과 조건 없는 대화를 강조했고, 인권 및 인도적 사안 해결을 위해 협력하기로 했다.

한미일은 대만해협의 평화와 안정의 중요성과 양안 문제의 평화적 해결을 재확인했다" 인도 - 태평양에서의 기회 요인으로 한 미·일은 아세안과 태평양 도서국과의 협력을 명시했다.

이 두 지역에서 한미일의 원칙은 "아세안의 관점"과 "태평양" 방식을 연계하여 협력을 이룬다는 것이다, 한미일이 인도 - 태평양에서 전략적으로 중요한 이 두 지역에 상당한 공을 들이고 있는 것으로 이해할 수 있다.

세계 차원에서 한미일은 국제연합(UN, 이하 유엔) 헌장. 주권, 분쟁의 평화적 해결 등의 원칙을 바탕으로 세계 안보 보장을 모색한다고 명시했다.

한미일은 유엔 안전보장이사회의 이사국이자 책임감 있는 국가 행위자로서 국제협력의 근간인 유엔 정신에 부합한다는 점을 함께 강조했다. 같은 맥락에서 핵확산금지조약의 당사국인 한미일은 비확산에 대한 공약과 함께 핵무기 없는 세계달성이라는 공통된 목표를 확인했다.

특히 다시는 핵무기가 사용되는 일이 없도록 함께 노력할 것임을 강조했다. 한미일은 협력 원칙을 제시함으로써 3국의 결속력을 다지는 동시에 한미일 협력이 세계와 인도 - 태평양 지역에 이로운 역할을 할 것이라는 점을 공식적으로 알렸다.

공동성명에는 중국에 관련한 내용이 상당히 구체적으로 명시됐다. 한미일은 남중국해에서 불법적 해상 영유권 주장, 매립지역의 군사화, 해안경비대 및 해상 민병대 선박의 위험한 활용, 비규제 조업 등 중국의 현상변경 시도를 반대한다고 명시했다.

특히 항행의 자유와 대만해협에서의 평화와 안정 유지의 중요성을 확인했다. 그동안 한미일 차원에서 언급한 중국 관련 내용 중 가장 강력하다고 할 수 있다.

주요 성과로는 인도 - 태평양 시대에 들어 가장 핵심적인 협력체를 탄생시켰는데, 3자 협력의 제도화를 위해 다양한 분야에서 구체적인 연례적 회의 개최를 약속했다. 정상회담을 비롯해 3국의 외교부 장관, 국방부 장관, 국가안보보좌관 간 연례회의 개최 공약에는 3자 안보협력을 제도화하겠다는 한미일 정상의 굳은 의지가 내포돼 있다.

또한 인도 - 태평양 지역에서 가장 강력한 안보협력체를 구성했다. 한미동행과 미일 동맹을 기반으로 한 한미일 안보협력은 인도 - 태평양 지역의 안보 질서를 이끌어가는 데 가장 중요한 기회가 될 것이며, 한미일 각국 또는 3국 차원에서 제기될 수 있는 위협에 대한 신속한 협의 기제를 탄생시켰다.

이번 3자 정상회의를 통해 한미일 안보협력의 발전 방향과 방법이 제시되었다. 이제 한미일 3국은 각 분야 및 주제별로 실행방안을 수립해야 할 것이다.

첫째, 협력의 지속성을 보장할 수 있는 동력을 확보하는 것이 3자 협력 발전의 핵심이다. 이를 위해선 정상회의에서 논의된 여러 회담의 연례화 계획을 효율적·효과적으로 수립해야 한다.

둘째, 대북정책 공조의 새로운 기틀을 마련해야 한다. 현재 한미일은 3자 차원에서 대북정책 공조 실행방안 수립에 매진하고 있으나 향후 미국과 일본은 자국의 이익에 따라 3자 협력을 "인도 - 태평양 지역 내 각종 안보 이슈에 대한 대응 기제로 활용할 가능성"이 있다.

지금은 북한 비핵화, 도발 억제, 인권 상황 개선 등 북한과 관련된 사안 해결에 관한 세부전략을 수립해야 할 때이다. 이러한 배경에서 북한 미사일 경보정보 실시간 공유체계는 반드시 연내에 구성되어야 한다. 미사일 경보 실시간 공유는 지난 11월에 합의된 의제로써 3자 협력의 핵심 기재가 될 것이다.

셋째, 협력을 위한 3자 간 공동연구를 확대하고 활성화해야 한다. 신흥 핵심기술과 관련된 공동연구에는 한국이 적극적으로 참여하여 공동의 과학기술 혁신 증진에 기여할 수 있을 것이다. 나아가 외교·안보·국방 차원에서도 향후 3자 협력의 의제 선정 및 식별을 위해 정부, 국책 연구기관 등을 포함한 1.5트랙 차원에서의 공동연구를 활성화할 수 있을 것이다.

한미일 협력의 새로운 장이 열렸고, 인도-태평양 지역에 새로운 안보 패러다임이 형성되었다. 대한민국은 인도-태평양에서 규칙기반의 자유주의 국제질서를 유지 및 강화할 수 있는 강력한 협력체의 일원이 되었다.

이제는 3자 협력의 지속성을 확보할 수 있는 공동의 노력이 필요할 것이다. 공동성명에도 명시되어있듯이 우리 앞에 놓여진 기회는 주어진 것이 아니라, 우리가 그 기회를 붙잡은 것이다. 우리 스스로 쟁취한 한미일 3자 협력의 기회를 토대로 대한민국은 '글로벌 중추국가' 비전을 달성 하는 데에 한걸음 더 나아갈 수 있을 것이다.

어쨌든, 한미일 안보협력은 북한의 핵미사일 위협에 대한 대응에 더

해 인도 - 태평양 지역의 국제질서 및 평화와 안정 유지에 기여하는 '안보공공재'라고 할 수 있다. 그럼에도 한국의 입장에서는 동 협력 추진 시, 현재 미일 양국의 대중정책 기조를 고려할 때 한미일 안보협력과 한중 간 전략적 협력관계의 유지가 상호 양립 가능하다는 점이다.

그리고 미일 양국이 한미일 안보협력을 역내 각종 안보 이슈에 대한 대응 기제로 활용하고자 할 가능성이 높다는 점이며, 북한의 핵미사일 위협에 대한 대응 차원에서 3국 간 통합된 억지력의 구축 필요성이 제기될 수 있다는 점 등에 유의할 필요가 있다.

이에 더해 한국의 입장에서는 동 협력 추진 시 일본과의 전략적 연대의 중요성을 인식할 필요가 있다. 동 연대는 미중경쟁을 완화하는 동시에 북한문제에 대한 미국의 관여정책을 유지/강화하는데 효과적일 수 있다. 또한, 미국의 동맹국에 대한 안보공약의 신뢰성을 제고하는데도 중요한 역할을 수행하게 될 것이다.

인류의 경전인 한경대전(韓經大典)

임성수 | 환웅천황종 총재

　　　　　　　　현시대는 물성에 충만으로 인성교육이 절실히 필요할 때다. 이제, 사상 이념 신앙 잘못된 것 모두 바꾸어 천지조상(天地祖上) 선조의 가르침인 사람 길, 효(孝) 예(禮) 덕(德)으로 새로운 사람 길 열어가야 할 때이다.

　인류가 지금까지 투쟁의 역사로 점철되었고 약육강식으로 패도(霸道) 권력다툼 때문에 왕도(王道)가 실현되지 못했으므로 인류문명의 유산이 산산이 파괴되어 자취가 희미해졌다.

　다행히 선왕선성(先王仙聖) 들의 발자취를 고전문헌 속에 담아 놓은 부분들을 통하여 오늘의 후생들이 과거를 알아볼 수 있는 계기가 된 것은 불행 중 다행이다.

　그러나 오늘날 서양은 과학 문명이 세계적이나 인류 고대문적(古代文籍)

인 연구하거나 이를 계발하려는 노력은 매우 침체하여 있을 뿐 아니라 표의문자(表意文字)가 없으므로 더욱이 연구가 어렵고 곤란한 형편이다.

그러나 동양은 아득한 옛 고전문헌이 유전되어 있고 그것 또한 보전되어 있어 후학들이 연구에 노력하기만 하면 다소 인류문명의 역사적 발자취을 캘 수 있으리라 믿었던 차 소금(古今)에 이르러 종합된 고전문헌을 평생을 몸 바쳐 연구 노력한 도통한 학자가 있었으니 임균택 박사가 바로 그분이다.

방촌(方寸) 임균택(林均澤, 본관 나주, 대전대 설립자) 박사는 생의 70년간을 인류 일만 년 역사의 도맥(道脈)과 정맥(政脈), 종맥(宗脈), 학맥(學脈)의 인류 유산 칠만여 고전문헌을 파헤쳐서 선인들의 단편적인 주장을 통합하여 홍익인간 효(孝) 천대로인 삼원(三元), 삼신(三神)으로, 유교, 불교, 도교, 기독교, 마호메트교가 모두 효천조대도(孝天祖大道)임을 집대성하여 인류의 경전인 한경대전(韓經大典) 16권을 완성하여 인류 역사의 후천 일만 년(後天一萬年) 대도의 낙을 삼았던 인물이다.

그는 인류문화 유산인 표의한문(表意韓文)으로 고전 눈 적을 담은 사고전서 칠만여 권과 사서칠경(四書七經) 불서(佛書) 기독서 등을 총정리하여 인류문명의 시원지(始源地)가 역시 천산곤륜(天山崑崙) 이란 점을 구명해 냈다.

인류문자의 시원(始源) 역시 천산곤륜(天山崑崙)이고 하도(河圖) 낙서(洛書) 도문(陶文) 갑골(甲骨) 한문이 본래인류(本來引類) 표의문자(表意文字)란 점을 발견하였으며, 이를 표음(表音)한 것이 중국어 한국어요 영어 A, B, C, D, E란 것을 인류에게 가르쳐주고 있다

또한 인류과학 역사 철학 종교 윤리 어문의 문제점들을 해부하여 새로운 21세기 1,000년의 인류교과서로 이정표를 세워 인류교화의 새 경전인 한경(韓經)을 인류 위해 내놓았다.

따라서 우리 동이한민족사(東夷韓民族史)에 단군왕검이 바로 요(堯)임금이란 것도 밝혔고 한문이 우리의 고유뜻글이며 훈민정음 서문의 중국이 국호가 아니라 제왕이 있는 곳이 중국이란 점 등을 밝혔다.

이 얼마나 우리 민족 유사 이래 초유의 일이며 인류사에 획을 긋는 일이므로 상상을 초월한 대발견이며 도통한 선비가 아니고서야 이루어낼 수 없는 민족사의 등불이며 인류사의 광명으로 청사(靑史)에 전혀 없는 성통대도(聖通大道)를 밝힌 「한경(韓經)」 저술은 인류 미래를 여는 열쇠가 된 경전(經典)임을 증거로 제시하였다.

교육은 끊임없이 이어져야 한다. 자손후생(子孫後生)을 통해 혼음초월 일(日) 월(月) 년(年)으로 백(百) 천(千)만년이 계승되어 한결같이 삼신생명덕(三神生明德) 중단없이 정도(正道)로 이어져야 인생길 바르게 계승된다.

삼신(天地人) 천조(天祖) 바른 덕 계승 못하면 금수(禽獸)로 가는 길이다. 삼신(天地人) 천조(天祖) 문화유산 함부로 파괴하지 말아라. 복잡하고 어렵다는 둥 무지몽매한 자(者)들 천문한문(天文韓文) 없애고 간자(簡字) 만들고. 말글 전용 문화유산 말살은 망나니들 작태 인류문화파괴 인의. 예. 지. 모르는 금수의 길이니라, 남자는 남자의 길이 있고 여자는 여자의 길이 있다.

또, 어른은 어른답게 어린이는 어린이답게 늙은이는 늙은이답게 각자 사명을 다해 행(行)하고 살아감이 만인 평등 자유이다. 그리고 부부는 가정성전(家庭聖殿)으로 화합하고. 서로 존경하며 이끌어가고. 천지 선조님, 한마음으로 천조덕(天祖德) 기리면 자손 양육 효(孝) 예(禮) 덕(德)으로 인간 영원한 도문(道門) 여는 열쇠이니 천하 대본 교육으로 사람 길 열어가는 것이 천하(天下) 진리의 길이다.

한문(韓文)은 천조(天祖)가 내리신 천하 보문(寶文)으로 천하 진리 표의(表意)문자요 인간 영원한 도문(道門) 여는 열쇠이니. 천하 대본 교육의 문(門)이니라 한글(韓契) 말글 통해 인류가 자유 소통하나 한문(韓文) 뜻글 배우지 않으면 이치 모르나니. 한문 뜻하느냐로 인류가 통일(統一)하고 말글은 나라 사람마다 각각 다르니 인류 세계 으뜸 28음 문자 말글(韓契)로 인류가 통일 바른 진리로 소통돼야 한다.

설, 보름, 제사(祭天 祭祀) 가정성전 삼신 종교로 영원 천조 덕을 기리는 숭고한 종교의식이니라. 이것 천만년 이어갈 때 오륜 천하 달도 계승되고 오상 천하달 덕 계승되며 천명. 성품. 수도. 천하 대본. 교육 계승되니. 인류가 살아갈 문명이 억만년 열리게 된다.

양만(洋蠻)족이란 효제충신 덕(德), 이치(理致)를 모르고. 한문(韓文)인 보문 모르고 말글로만 아는 무리이니 인간은 천문(天文) 덕도(德道) 하기 때문이다.

화복(禍福)은 자신 마음서 결정짓는 것이니 남의 탓 운수(運數) 아니요, 교육은 마음 운수 아니요. 교육은 마음을 다스리는 데서 시작된다. 열과 성(誠)을 다해 노력하면 성공하고 근면·성실·부족하면 실패하며 화복 성패는 스스로 마음서 비롯되니 천하 교육 극기복례위인(克己復禮爲仁)에서 이루어진다.

우리는 변해야 산다

임호성 | 민족사랑교회 담임목사

최근 '우리는 변해야 산다. 혁신만이 살길이다' 정치판 또는 개인 차원의 변화를 촉구하는 메시지를 자주 접하게 된다. 이런 말들을 들었을 때 대부분은 "그래, 맞아. 나도, 우리도 빨리 변해야 해"라는 반응을 보인다. 그러나 그다음 단계로 "그럼 뭘, 어떻게 바꿔야 지?"라는 질문을 하면 답답해지기 시작한다.

세상이 빠르게 변하니까 거기에 적응하려면 변하지 않을 수 없기 때문일 것이다. 내가 변하지 않으면 도태되기 때문이다. 남들은 급변하는 환경에 잘 적응해서 적질시 변신하고 있는 것 같은데 나만 구태의연한 자세를 유지하는 것 같아 불안감을 느끼기도 한다.

사실 우리 속담에는 '변해야 산다'라는 가르침과 모순되는 말 많다. 예컨대. '한 우물을 파라든지, 송충이는 솔잎을 먹고 살아야 한다'라는 것이 그 예다. 이런 가르침 틀에도 선조의 지혜가 담겨있다는 것을 생각할 때. 우리는 '변해야 산다'라는 말을 무조건 추종하지 말고 무엇을, 언제, 어떻게 바꿀 것인가를 결정할 때 좀 더 신중할 필요가 있다. 이때 필요한 것이 생각의 틀을 바꿔보는 것이다.

'변해야 산다'라는 말을 '변하지 않으면 죽는다'라는 말로 해석하는 사람들의 경우 '두려움과 공포를 느끼게 된다. :무엇을 어떻게 변화시켜야 한다'라는 해결책을 함께 제시하지 않으면 사람들은 두려운 감정에 압도돼 적절한 행동을 취하기 어려워진다.

'무엇을 어떻게 바꿀 것인가'라는 질문에 대한 하나의 대답으로 필자는 '생각의 룰(mental frame)'을 바꾸어 볼 것을 권하고 싶다. 개인이나 조직의 변화를 위한 행동에 돌입하기 이전에 우리는 지금 우리가 가진 생각의 틀을 여러모로 바꿔 우리가 당면하고 있는 문제들을 들여다볼 필요가 있다.

내일은 꿈을 위해 변화를 시도하며 열심히 달려가는 자의 몫이다. 현재의 익숙한 것에서 믿음으로 떠나야 한다. 언제나 우리 인생(신앙/가정/삶 속)에 변화의 쓰나미가 다가오고 있다. 성경에서 말하는 핵심은 변화이다. 변화되기 위해서는 잘 버려야 한다. 버리지 못하기 때문에 불행해진다. 쉽다고 하고 어렵다고 안 할 수 없는 일이다.

내 맘에 든다고 안 든다고 안 할 수 없는 일이다. 자기를 변화시키는 일은 싫어도 해야 하고 아무리 힘들어도 해야 할 일이다. 그 무엇보다 내가, 우리가 먼저 변해야 한다. 구체적으로 마음이 새롭게 변화되어야 내 생각, 언어, 행동이 변해야 산다.

국민의 삶이 대단히 어렵다. 코로나 때는 그동안 축적된 재산이 조금이라도 있었던 데다 정부에서 주는 보조금이라도 있어 버티면서 삶을 유지해왔지만, 지금은 그것마저 없어 더 이상 삶을 유지하기가 어려운 국민이 대단히 많다.

무엇보다 양극화가 심화해 빈곤층은 패배자로 전락하여 인생이 파탄 나 있다. 자살률이 전 세계에서 가장 높은데다, 한 달이 멀다 하고 일어나는 생활고 비관 가족 집단자살은 가슴을 미어지게 한다.

특히 꿈과 희망을 안고 자기가 하는 일에 매진해야 할 청년들까지도 세상을 비관해서 집안에 칩거하는 이른바 '은둔형 외톨이'가 무려 청년인구의 2.4%인 24만 명이나 되는 데다 청년자살률 또한 전 세계에서 두 번째로 가장 높다.

이런 때에는 국정을 책임지고 있는 정치권이 국민과 아픔을 함께하며 이를 풀어갈 해법을 찾아 제시해야 할 텐데 그러기는커녕 자기들의 이권 챙기기에 급하다.

이러다 보니 우리나라의 정치와 행정 모두가 전 세계에서 가장 저급한 수준이다. 우리나라의 사법기관에 대한 신뢰 지수는 전 세계 167개국 가운데 155위, 정치권은 114위, 정부는 111위라고 한다.

경제력 10위의 나라인데도 공공기관에 대한 신뢰도가 전 세계에서 꼴찌 수준이라는 것은 공공기관의 고위공직자들이 국민을 위해서가 아니라 자신들의 사리사욕을 채우기 위해서 정치와 행정을 하고 있음을 의미한다. 즉 그들이 특권을 누리고 있다는 것을 의미한다.

그 나라 정치의 수준은 국민의 수준에 의해 결정된다. 국회의원들을 비롯한 고위공직자들이 '특권 카르텔'까지 형성해서 엄청난 특권을 누리고 있는데도 지금까지 이를 폐지하지 못한 데는 국민의 책임도 크다. 그래서도 국민이 나서야 한다. 국민이 나서면 공직자의 특권은 반드시 폐지된다.

국회의원, 고위 법관과 검사, 행정부의 고위직 등 고위공직자들이 부당하게 누리는 특권을 없애야 국민을 위한 정치, 국민을 위한 행정이 이루어질 수 있다. 그들이 변해야 건강한 대한민국이 될 수 있다.

그 나라 정치의 수준은 그 나라 국민의 수준에 의해서 결정된다. 정상배 정치의 종식과 정치의 정상화를 위한 고위공직자 특권 폐지 범국민 운동을 전개했으면 한다. 국민이 거대한 물결을 이루어 고위공직자의 특권을 폐지함으로써 정치혁명을 이루어 내야 한다.

내일은 꿈을 위해 변화를 시도하며 열심히 달려가는 자의 몫이다. 현재의 익숙한 것에서 믿음으로 떠나야 한다. 언제나 우리 인생(신앙/ 가정/ 삶 속)에 변화의 쓰나미가 다가오고 있다. 성경에서 말하는 핵심은 변화이다.

변화되기 위해서는 잘 버려야 한다. 버리지 못하기 때문에 불행해진다. 쉽다고 하고 어렵다고 안 할 수 없는 일이다. 내 맘에 든다고 안 든다고 안 할 수 없는 일이다. 자기를 변화시키는 일은 싫어도 해야 하고 아무리 힘들어도 해야 할 일이다.

어쨌든, 무엇보다 내가, 우리가 먼저 변해야 한다. 구체적으로 마음이 새롭게 변화되어야 내 생각, 언어, 행동이 변해야 산다. '우리는 변해야 산다. 혁신만이 살길이다.'

필자 소개 (가나다 순)

임갑섭 전 서울특별시 교육위원회 의장, 수필가
임금택 전 신한데이타시스템 사장, 영화배우
임동규 한국산업개발주식회사 대표이사, 전 동아특장차㈜ 대표이사, 시인
임동식 한국문학신문 사진국장, 수필가
임동준 동성산업㈜ 회장, 전 한국포장협회 회장, 나주임씨 중앙화수회 명예회장, 시인
임동준 사)국민기자협회 이사장, 뉴스 여의도 발행인, 전 전남발전연구원 원장
임동훈 아이비성형외과 원장, 의학박사
임만규 전 음악출판 청음사 대표, 시인
임무성 전 대통령 민정비서실 행정관, 전 서울 성동경찰서 서장, 수필가
임석희 한국항공우주연구원 책임연구원
임선자 전업주부
임성수 민족종교 환웅천황종 총재
임수홍 한국국보문학 발행인, 한국문학신문 회장, 시인
임안섭 전 광주문화예술회관 관장, 전 광주광역시청 서기관, 전 광주과학기술진흥원 총괄본부장
임양성 해드림 재활주간보호센터 이사장, 전 광주광역시교육청 장학사, 전 광주제일고등학교 교사, 전 풍암중학교 교감, 시인, 칼럼리스트
임영희 전 서울 두산초등학교 교장, 전 완도 보길동초등학교 교사, 전 교육부 파견 연구원
임왕택 나주임씨중앙화수회 감사
임용담 전 경기도 안산교육지원청 교육장, 전 민주평화통일자문회의 안산지회 상임고문, 전 경인교육대 외래교수
임은정 공주대 국제학부 교수, 국제학 박사, 전 일본 리츠메이칸대 국제관계학부 조교수
임은정 대구지방검찰청 부장검사, 전 법무부 감찰담당관
임인철 전 전라남도 도의원, 전 전남대학교 총학생회장, 전 국제와이즈멘 한국서해지방장, 전 나주임씨 대종중 도유사

임재근 전 합천 부군수, 전 대한노인회 경남연합회 부회장, 전 경남 행정동우회 사무처장, 시인
임재택 전 문태고등학교 교장, 전 민주평화통일정책자문회의 상임위원, 전 초당대 경찰행정학과 교수
임정기 전 한국담배인삼공사 기능사
임정희 재독 EU 정간호사, 전 독일 라인 클리닉 상담간호사
임종니 전 국방연구원 국장, 나주임씨 중앙화수회 사무총장
임종대 사)효창원 7위선열기념사업회 이사, 평론가
임종선 전 광주연초제조창 노조지부장, 전 나주임씨 광주화수회장, 수필가
임종성 대전 대별공인중개사 사무소 대표, 공인중개사, 나주임씨 대전화수회 회장
임종은 전 한국문학신문 편집국장, 전 (주)하이제트훼리해운 감사, 전 어문능력개발평생교육원 교학처장, 시인
임종익 사단법인 노인의 전화 이사, 덕산기업(주) 전무이사
임종주 예비역 육군 소령, 화순군 학순재경향우회 고문
임지룡 경북대 석좌명예교수(국문학), 부총장, 문학박사
임지은 전 월간중앙 기자, 전 머니투데이 방송기자, 칼럼니스트
임지택 한국수필문학가협회 이사, 전 징검다리수필문학회 회장, 수필가
임진택 경기아트센터 이사장, 사)창작판소리연구원 원장, 전 세계야외공연축제 총감독, 민주평화국민회의 공동대표
임창진 통일희망열차국민운동 사무국장, 전 무안군 체육회 사무국장
임채규 나주임씨 대종중 도유사, 전 광주 KBS 총국 업무부 팀장, 전 나주임씨 광주화수회 회장
임춘식 한남대 명예교수(사회복지학), 대학원장, 사회학박사, 미국 COHEN대 상담복지학과 교수, 사)전국노인복지단체연합회 회장, 나주임씨 중앙화수회 회장, 시인
임춘임 전 사)한국문인협회 장성지부 회장, 목포과학대학 교육사업 팀장, 노란담장 펜션 대표, 수필가
임호성 민족사랑교회 담임목사

오피니언 리더들의 삶과 고뇌 4
멀리 바라본 숲은 **아름답다**

|편저자| 나주임씨 중앙화수회 회장 임춘식
04195 서울특별시 마포구 만리재로 14. 한국사회복지회관 2303호
전화 02) 712-2200 팩스 02) 706-2200
e-mail : najulim1004@hanmail.net
http:// www.najulim.net

|1판 1쇄 인쇄| 2024년 1월 10일
|1판 1쇄 발행| 2024년 1월 15일
|발행인| 주 동 담
|펴낸곳| 시정신문

|주소| 서울특별시 중구 다산로16길 25
|전화| 02-798-5114(대표)
|e-mail| sijung1988@naver.com
|출판등록| 1988년 4월 13일
|등록번호| 서울 다 05475

|ISBN| 979-11-91760-06-4
정가 17,000원

저자와 협의하여 인지를 생략합니다.
무단전재와 복제를 금합니다.